DAS DAMPFGAR-KOCHBUCH

Impressum

ISBN: ISBN: 978-3-7088-0574-0, Kneipp-Verlag-Taschenbuch

Bildnachweis: StockFood/Eising Studio – Food Photo & Video: Cover, 53
Miele: 7, 49, 63, 79, 97, 101, 115
Kneipp-Verlag/Peter Barci: Umschlagrückseite, 19, 23, 23, 31, 35, 41, 45, 47, 55, 59, 67, 75, 85, 89, 93, 95, 105, 111
iStockphoto.com: 8, 11, 15, 16
dreamstime.com: 9
shutterstock.com: Hintergrund

Autorin: Ulli Goschler
Lektorat: Mag. Eva Manhardt
Korrektorat: Mag. Franz Ebner
Gestaltung: Werner Weißhappl, plan_w
Umschlaggestaltung: Christian Graf-Simpson
Druck: Theiss GmbH
A-9431 St. Stefan
Printed in Austria
1. Auflage, November 2012

Ulli Goschler

DAS DAMPFGAR-KOCHBUCH

70 schlanke Genussrezepte für die ganze Familie

kneipp verlag
WIEN

Inhalt

Sanft, schlank und gesund

Die moderne Dampfgarerküche zum Genießen

Fernöstlicher Beginn …

Die Tradition des Dampfgarens ist viele tausend Jahre alt und stammt ursprünglich aus dem alten China. Im Reich der Mitte ist die gesunde Zubereitung von Speisen seit jeher ein wesentlicher Bestandteil des kulinarischen Lebens sowie der ganzheitlichen Medizin. Bereits rund 200 v. Chr. waren in China Dampftöpfe im Einsatz. Über Japan und Indien kam die Methode des schonenden Garens über Wasserdampf schließlich auch nach Europa.

Aber auch hierzulande haben sich Köchinnen, Köche und Hausfrauen seit Urzeiten der Methode des Dämpfens bedient. Denken wir nur daran, dass es beim Brotbacken üblich ist, eine Schale Wasser in den vorgeheizten Backofen zu schieben, um Wasserdampfschwaden zu erzeugen, damit das Brot saftig und locker wird und eine glänzende Kruste erhält.

Industriell aufgegriffen wurde das Thema in Europa erstmals 1681 von einem französischen Physiker namens Denis Papin, der den ersten Dampftopf mit Sicherheitsventil erfand. 1927 kam der erste Schnellkochtopf mit Druck-Dampf-System auf den Markt – es sollte aber noch bis in die 60er und 70er Jahre dauern, bis daraus ein regelrechter Boom entstand.

In den 70er Jahren wurden schließlich Dampfgargeräte für die Gastronomie entwickelt. Diese wurden in der Folge modernisiert und auf den privaten Haushalt so abgestimmt, dass wir heute zeitgemäß und einfach bedienbar eine Vielzahl von Einbau- und Standgeräten in heimischen Küchen vorfinden.

Gerätevielfalt

Dämpfen ist mit verschiedenen Geräten möglich: einfache Bambuskörbe, die in einem Topf mit Wasser übereinander gestapelt werden, Gitterdampfeinsätze für Kochtöpfe, die oben erwähnten Druckkochtöpfe oder hochmoderne *Combi-Dampfgarer*, die die Methode des Dämpfens mit Heißluft oder Grillfunktion kombinieren können. Je ausgeklügelter die Systeme sind, umso vielfältiger und differenzierter ist ihr möglicher Einsatzbereich in der Küche.

Sämtliche Rezepte des vorliegenden Kochbuchs wurden mit einem Miele-*Combi-Dampfgarer* bzw. Miele-Dampfgarer zubereitet. Diese gehören sicherlich zu den technisch ausgereiftesten und qualitativ hochwertigsten Geräten, mit denen Sie in der Küche die Methode des Dämpfens zum Einsatz bringen können. Um die *Combi-Garfunktion* zu simulieren, können Sie das vorgedämpfte Gargut im zweiten Schritt in einem Heißluft-Backofen braten oder backen. Die Garzeiten können je nach Gerät variieren – bitte beachten Sie dies, wenn Sie mit anderen Geräten arbeiten. Aber auch die Grundzutaten sind nicht immer gleich. Kartoffeln, Reis oder auch Fleisch können je nach Qualität und Sorte geringfügige Unterschiede bei den Garzeiten aufweisen.

Standgeräte sind auf der Arbeitsplatte flexibel aufstellbar und nachrüstbar.

Gesund und geschmackvoll

Warum ist nun dämpfen so gesund und geschmackvoll? Durch das Garen über heißem Wasserdampf wird unsere Nahrung sehr schonend zubereitet. Vitamine, Mineralstoffe und Spurenelemente bleiben erhalten – die Nahrung wird nicht „zu Tode gekocht“.

Beim herkömmlichen Kochen in heißem Wasser werden häufig viele wertvolle Bestandteile aus den Nahrungsmitteln herausgelöst und mit dem Kochwasser abgegossen. Beim Dämpfen bleiben diese Inhaltsstoffe im Gargut und Ihnen somit für eine gesunde Ernährung erhalten.

Die Geschmacksstoffe des Garguts werden durch das Dämpfen zusätzlich hervorgehoben, der Eigengeschmack verstärkt, Farben mitunter sogar intensiviert. Salz, das in unseren Breiten meist in einem ungesunden Übermaß konsumiert wird, kann aufgrund dieser geschmacksverstärkenden Wirkung des Dämpfens wesentlich sparsamer zum Einsatz gebracht werden.

Für die Zubereitung über Dampf ist zudem kein Fett erforderlich und unser Gargut kann beim Kochprozess nicht anbrennen. Hochwertiges Öl wie etwa Olivenöl extra vergine wird daher lediglich zur kulinarischen Verfeinerung und als Beitrag zu einer ganzheitlichen und gesunden Ernährung ganz gezielt und in kontrollierbaren, kleinen Mengen verwendet.

Ganzheitliches aus der Traditionellen Chinesischen Medizin (TCM)

Essen und Medizin sind in China seit vielen Jahrtausenden eng miteinander verbunden. Die chinesische Ernährungslehre setzt sich nicht wie unsere klassische Ernährungswissenschaft im Westen ausschließlich mit der chemischen Zusammensetzung der Lebensmittel auseinander, sondern betrachtet vor allem die energetische Qualität der Nahrung. Yin und Yang sind jene Polaritäten, denen energetische Zustände zugeordnet werden. Eine Ausgewogenheit der beiden Energiequalitäten hält uns gesund und im Gleichgewicht. Aktivität, Bewegung, Schnelligkeit und Wärme bzw. Hitze werden unserem männlichen Teil, dem Yang, zugeordnet. Ruhe, Regeneration, Kühlen und der Aufbau von Blut und Säften sind Beispiele für unsere weibliche Energie, das Yin. Die beiden Qualitäten bedingen einander und erschöpfen sich, wenn eine überhand nimmt.

Unser heutiger westlicher Lebenswandel enthält meist zu viele „Yang"-Qualitäten – häufig leiden moderne Menschen daher an einem „Yin-Mangel". Schlechte Ernährungsgewohnheiten mit überwürztem, zu scharfem Essen, ein zu hoher Fleisch-, Alkohol- und Nikotinkonsum, Stress, Hektik, Lärm, zu wenig Schlaf, zu wenige Ruhe- und Regenerationsphasen etc. erzeugen einen „hitzigen" Lebenswandel. Dieser trocknet aus chinesischer Sicht unseren Körper regelrecht aus. Blut und Säfte werden eingedickt bzw. „verköchelt". Dies führt zu vorzeitigem Altern, schlaffer Haut, Burnout, Gereiztheit, Erschöpfungsdepressionen und einer Reihe von klassischen Zivilisationserkrankungen wie Herz-Kreislauf-Erkrankungen, Bluthochdruck u.ä.

Dämpfen als Ausgleich für einen hitzigen Lebenswandel

Die chinesische Ernährungslehre empfiehlt uns zum einen, bestimmte Lebensmittel therapeutisch einzusetzen bzw. zu vermeiden. Genauso wesentlich wie die Auswahl der Nahrungsmittel ist jedoch auch die Wahl der geeigneten Kochmethode. Um auf Ernährungsebene einem „hitzigen" Lebenswandel entgegenzuwirken, wird eine saftige Kochmethode empfohlen. Das Dampfgaren ist eine hervorragende Methode, unserem Körper wieder einiges an nötiger Flüssigkeit zuzuführen. Auch der Konsum von Suppen und Eintöpfen kann hier wärmstens empfohlen werden – in modernen Dampfgarern kann beides übrigens einfach und schnell zubereitet werden.

Die richtigen Grundprodukte

Gesunde Grundzutaten sind eine weitere Voraussetzung für eine gesunde Ernährung. Wenn wir dabei ein paar Grundregeln beachten, können wir nicht mehr viel falsch machen:

Saisonal und regional

Die Natur bringt zu jeder Jahreszeit Nahrungsmittel hervor, die unserem Körper zur entsprechenden Zeit guttun. Im Frühling sorgen beispielsweise Bärlauch, Brennnessel und Spargel für die nötige Entschlackung und Reinigung unseres Organismus, im Hochsommer erfrischen und kühlen uns saftige Früchte und Gemüsesorten wie Tomaten, Zucchini, Melonen und Gurken und im Herbst und Winter wärmen uns Wurzeln, Rüben, Kraut oder Kohlgemüse. Auf saisonales Angebot zu achten, schont nicht nur unsere Geldbörse, sondern auch Klima und Gesundheit. Tropische Früchte im Winter quer durch die Welt fliegen zu lassen, um sie in unseren Breiten zu genießen, zerstört unsere Umwelt ebenso wie unser körperliches Gleichgewicht.

Biologisch

Wem seine Gesundheit am Herzen liegt, sollte möglichst „biologische" Zutaten verarbeiten. Gesunde und hochwertige Lebensmittel, die frei von Spritzmitteln, Kunstdünger, Gentechnik oder Antibiotika sind, versorgen uns mit gesunden und bioaktiven Stoffen und stellen sicher, dass wir unseren Körper nicht mit giftigen Rückständen belasten. Auch der Geschmack unseres Essens verbessert sich, wenn wir in der Küche mit natürlichen und kontrolliert biologischen Grundsubstanzen arbeiten. Biolebensmittel werden nach strengsten Richtlinien kontrolliert und die Bezeichnung „Bio" oder „aus kontrolliert biologischem Anbau" darf nur verwenden, wer die strengen Auflagen der unabhängigen Prüfstellen einhält.

Ein paar Worte zum Fisch

Wenn wir an gesunde und schlanke Gerichte denken, die im Dampfgarer zubereitet werden, landen wir rasch beim Fisch. Fisch ist ein hochwertiges

und kalorienarmes Lebensmittel, das sich zur schonenden Zubereitung im Dampfgarer vor allem auch wegen seiner Zartheit anbietet. Der Genuss von Fisch ist zudem gesund und sämtliche Ernährungsexpertinnen und -experten sind sich einig, dass Fisch regelmäßig auf unserem Speisezettel stehen sollte.

Wenn wir allerdings nicht nur an unseren persönlichen Genuss denken, sondern auch darauf achten, wie wir mit unserer Umwelt umgehen und was wir unseren Kindern und Enkelkindern in Sachen gesunder Ernährung auf diesem Planeten hinterlassen werden, dann ist es beim Thema Fisch unabdingbar, sich auch einige Gedanken über nachhaltige Fischerei zu machen. Wer über den eigenen Tellerrand hinaussieht, wählt bewusst aus, welche Fischart er oder sie konsumiert! Aus diesem Grund haben wir in diesem Kochbuch nur Fischrezepte für Sie zusammengestellt, die sowohl aus kulinarischer und ernährungsphysiologischer als auch aus ökologischer Sicht zu empfehlen sind.

Heimische Fische bevorzugen

Eine umweltverträgliche Auswahl von Fischen bevorzugt in jedem Fall heimische Fische. Dass in Bezug auf Transportwege und Frische heimische Fische deutlich besser abschneiden, sagt uns schon ein gesunder Hausverstand. Wer hier aber auch in Sachen Fütterung, Einsatz von Hormonen, Chemikalien und nachhaltiges Wirtschaften sichergehen möchte, hält sich unbedingt an Bio-Kennzeichnungen.

Nachhaltige Fischerei

Meeresfische, Muscheln und Meeresfrüchte sind seit jeher eine wesentliche Nahrungsquelle für den Menschen. Für über eine Milliarde Menschen ist Meeresfisch die hauptsächliche Eiweißquelle ihrer Ernährung. Trotz der enormen Wichtigkeit dieser Ressource für die Bevölkerung der Erde plündern wir die Vorräte und entnehmen weit mehr, als auf natürliche Weise wieder nachkommen kann.

Große internationale Umweltschutzorganisationen arbeiten seit Jahren mit der Fischerei- und Lebensmittelindustrie zusammen, um Wege zu erarbeiten, wie die Artenvielfalt in unseren Meeren erhalten bleiben und eine verträgliche und gesunde Nutzung dieser wertvollen Quelle auch in Zukunft sichergestellt werden kann. Aus diesem Bestreben ist u.a. die MSC (Marine Stewardship Council)-Zertifizierung entstanden. Das MSC-Siegel wird an Fischereibetriebe vergeben, die Nachhaltigkeit und die verantwortungsvolle Nutzung des Meeres nach international anerkannten Umweltprinzipien nachweisen können.

Achten Sie daher beim Kauf von Meeresfischen auf das blaue MSC-Siegel!

ZERTIFIZIERTE NACHHALTIGE FISCHEREI MSC www.msc.org/de ™

Welche Fische man ohne schlechtes Gewissen kaufen kann, wird auch regelmäßig von den führenden internationalen Umweltschutzorganisationen publiziert. Informieren Sie sich und tragen Sie dazu bei, dass wir uns auch in Zukunft an einem reichhaltig gedeckten Tisch aus dem Meer erfreuen dürfen.

Welche Fische?

Heimische Fische wie Forellen, Saiblinge, Karpfen, Wels oder Zander dürfen regelmäßig auf unseren Tisch. Beim Kauf von Meeresfischen finden Sie MSC-zertifizierte Ware aus nachhaltiger Fischerei wie z.B. Heilbutt, Kaltwassergarnelen aus dem Nordwestatlantik, Hering aus dem Nordostatlantik, Kabeljau aus dem Nordostpazifik und den nordostarktischen Gewässern, Wildlachs aus Alaska, Polardorsch aus dem Nordostpazifik, Seehecht aus Südafrika oder Seelachs aus der Nordsee. Weißer Thunfisch aus der Dose ist ebenfalls aus nachhaltiger Fischerei erhältlich. Ebenso zugreifen können Sie bei Sardinen und Sprotten aus dem Nordostatlantik sowie sämtlicher Bio-Ware wie Bio-Garnelen und -Shrimps, Bio-Lachs aus Irland, Schottland und Norwegen oder Bio-Wolfsbarsch aus dem Mittelmeer. Bei der Verwendung von Muscheln sind Sie mit Muscheln aus Hängekulturen wie Miesmuscheln und Austern gut beraten. Bei der großflächigen Ernte von in Sand lebenden Muscheln wie Venusmuscheln, Jakobsmuscheln und Herzmuscheln wird meist wenig Rücksicht auf die umliegende Meerlandschaft genommen. Auf den Konsum dieser Kostbarkeiten sollten Sie daher lieber verzichten. Einige Umweltschutzorganisationen geben übrigens regelmäßig Fischführer im Pocketformat heraus, um Ihnen die Auswahl beim Einkauf zu erleichtern!

Schlank und gesund

Wir alle wollen schlank und gesund bleiben oder werden. Dampfgaren kann uns aus den bereits genannten Gründen dabei helfen. Dennoch gehören ein paar Grundregeln dazu: Die richtige Auswahl der Zutaten spielt natürlich eine wesentliche Rolle. Auch wenn Sie deftige Hausmannskost in einem Dampfgarer ebenso hervorragend zubereiten können, haben wir uns in diesem Kochbuch auf die leichte Küche konzentriert.

Die richtige „Gewicht"ung

Einen hohen Anteil an Obst und Gemüse, Getreide und Hülsenfrüchten, wenig mageres Fleisch, regelmäßig Fisch, kleine Mengen an Nüssen und Kernen und hochwertige Fette und Öle wie z.B. Olivenöl extra vergine bilden die Basis für eine gesunderhaltende und schlankmachende Küche. Die besten und gesündesten Zutaten nützen allerdings nur wenig, wenn Sie zu viel davon essen! Wie in der Kräuter- und Naturheilkunde gilt auch für das Essen: Die richtige Dosis macht die Medizin.

Vermeiden

Viel gewonnen im Sinne einer ausgewogenen und gesunden Ernährung haben wir vor allem auch mit den Dingen, die wir NICHT essen: Verzichten wir auf Fett im Übermaß, Industriezucker und industriell gefertigte Nahrungsmittel und Fertigprodukte, künstliche Aromen, synthetische Süßstoffe oder chemische Konservierungsstoffe. So stellen wir sicher, dass unser Essen bekömmlich ist und uns mit der nötigen Energie versorgt, um den Anforderungen eines modernen Lebens gerecht zu werden.

Süße Verführung

Der Gusto auf Süßes kommt laut TCM häufig von einer „schwachen Mitte“, die dem Funktionskreis der Milz entspricht – diese lässt sich u.a. stärken durch regelmäßiges, warmes Essen. Das Verlangen des Körpers nach „süß“ ist nicht ganz falsch, lediglich unsere Interpretation dieses Wunsches ist meist kontraproduktiv. Eigentlich verlangt unser Körper nach der natürlichen Süße von Lebensmitteln, wie sie beispielsweise in Kürbissen, Karotten, Rindfleisch, Fenchel oder süßen Früchten enthalten ist. Diese Lebensmittel stärken unsere „Mitte“ und somit unser gesamtes Verdauungssystem. Weißer Industriezucker, Schokolade und Süßspeisen in Form von Weißmehl tun dies nicht. Experimentieren Sie beim Süßen Ihrer Gerichte und Desserts mit alternativen Süßungsmitteln wie Gerstenmalz, Mascobadozucker, Stevia, Honig, Ahornsirup oder der natürlichen Süße von getrockneten Früchten wie Datteln und Rosinen. Ihre „Mitte“ wird es Ihnen danken …

Regelmäßig essen macht schlank!

Regelmäßig warm zu essen stärkt unsere Mitte, unseren Stoffwechsel und Verdauungsapparat – dies hält schlank und gesund! Häufige Hungerkuren und unregelmäßiges Essen sorgen oft für Übergewicht und sind – wenn nicht gezielt und unter fachlicher Aufsicht durchgeführt – meist kontraproduktiv, wenn man Gewicht reduzieren will!

Schlank sein heißt nicht …

Wenn wir hier von schlank sprechen, meinen wir übrigens nicht ausgemergelt, dürr und unterernährt … Leider hat sich das Schönheitsideal – v.a. von Frauen – in eine dermaßen krankhafte Richtung entwickelt, dass kaum mehr eine normalgewichtige und gesunde Frau das Gefühl hat, eine Idealfigur zu haben. Lassen Sie sich von Werbung und Industrie nicht an der Nase herumführen und entwickeln Sie selbst die Sensibilität, zu spüren, was für Sie und Ihren Körper gesund ist und Ihnen entspricht.

Modernes Dampfgaren erleichtert das moderne Leben

Das kostbarste Gut unserer Tage ist „Zeit“. Wir haben alle viel zu wenig davon. Dort, wo wir also Zeit sparen können, erhalten wir freie Ressourcen – hoffentlich für uns selbst bzw. für unsere Familie und Freundinnen und Freunde. Das Kochen mit Dampfgarern kann uns einiges dieser kostbaren Zeit sparen helfen. Zum einen ermöglicht uns die schonende Zubereitungsart, bei der nichts anbrennen kann und nicht umgerührt werden muss, während

der Zeit des Garprozesses andere Dinge zu tun. Zum anderen können wir mit dem Prinzip „Menügaren“ Kochprozesse, die sonst hintereinander stattfinden, gleichzeitig erledigen. Im modernen Dampfgarer gibt es keine Übertragung von Geschmäckern und Gerüchen. Sie können also ein gesamtes Menü wie Suppe, Fisch und Soufflé gleichzeitig zubereiten.

Sterilisieren und andere praktische Dinge

Dampfgarer kann man neben dem Kochen auch für ganz praktische, alltägliche Dinge verwenden: So können Sie durch 20 Minuten Erhitzen bei 100° C Einmachgläser, Babyfläschchen oder Schnuller im Dampfgarer sterilisieren. Sie können aber auch Ihre Gäste mit feuchten Tüchern überraschen, mit denen sie sich Hals und Hände nach einem anstrengenden Arbeitstag reinigen können, bevor das gemeinsame Abendessen losgeht. Dazu legen Sie Ihre Gästehandtücher einfach ein paar Minuten in den Wasserdampf ...

Gesundes Aufwärmen

Ein weiterer alltagstauglicher und gesundheitlich erfreulicher, positiver Einsatzbereich eines Dampfgarers ist die Möglichkeit, Speisen damit zu regenerieren, also aufzuwärmen. Wie gesund das Aufwärmen in der Mikrowelle ist, ist aus energetischer Sicht umstritten. Beim Aufwärmen im Dampfgarer oder *Combi-Dampfgarer* wird den Lebensmitteln mit Sicherheit keinerlei Schaden zugefügt. Zudem geht es nahezu ebenso rasch wie in der Mikrowelle! Fertig gekaufte Babynahrung in Gläsern können Sie im Dampfgarer beispielsweise rasch und schonend erwärmen. In *Combi-Dampfgarern* können Sie zudem altes Brot und Gebäck aufbacken oder übrig gebliebene Menüs vom Vortag wie Getreide, Suppen, Gemüse, Reisgerichte, Rouladen, Ragouts und mehr in der Kombination von Dampf und Heißluft schnell und bequem erhitzen.

Haltbar machen

Ein besonders praktischer Zusatznutzen eines Dampfgarers ist die Möglichkeit, damit einzukochen. Suppen, Hülsenfrüchte, eingelegtes Gemüse, Babynahrung oder Marmeladen – im Dampfgarer können Sie Ihr Lieblingsgericht auf schonende Art haltbar machen und später genießen! Einfach heißes Gargut in sterilisierte Einmachgläser füllen, fest verschließen und je nach Inhalt und Grundzutaten 20 bis 100 Minuten einkochen. Wir haben exemplarisch in diesem Kochbuch einige Ideen angeführt – für eine ausführliche Beschäftigung mit dem Thema steht Ihnen in der Kochbuchliteratur eine Vielzahl von weiteren Einmachrezepten zur Verfügung.

Vielfalt beim Kochen

Wie bei der Auswahl der Lebensmittel sollten Sie auch bei der Auswahl der Kochmethode Vielfalt walten lassen. Den Dampfgarer können Sie auch mit anderen Garmethoden kombinieren. So können Sie Fleisch, Fisch oder Geflügel beispielsweise vor dem Dämpfen in der Pfanne anbraten, um die sogenannte Maillardreaktion, also den Rösteffekt, zu erhalten. Weiters können Sie mit modernen *Combi-Dampfgarern* Heißluft und/oder Grillfunktion in Kombination mit dem Dampfgarer zum Einsatz bringen. Vor allem beim Backen von Brot und Braten von Fleisch profitieren Sie so von der optimalen Kombination verschiedener Garmethoden.

Salate

Rote-Rüben-Kartoffelsalat

mit Kräutern

Zutaten:

- 500 g festkochende Kartoffeln
- 300 g Rote Rüben (Rote Beete)
- 2 EL Sauerrahm (saure Sahne)
- 2 EL Mayonnaise
- 1/2 Bund Frühlingszwiebeln
- 1/2 kleiner Bund Dille
- 1/2 kleiner Bund rotes Basilikum
- 1/2 kleiner Bund Petersilie
- 1/2 kleiner Bund Koriander
- Salz
- Pfeffer aus der Mühle

Zubereitung:

Kartoffeln und Rote Rüben in einen ungelochten Behälter füllen und je nach Sorte und Größe die Kartoffeln rund 30 Minuten und die Rüben ca. 50 bis 60 Minuten bei 100° C dämpfen. Anschließend schälen und in Würfel schneiden. In einer Schüssel vermengen.

Frühlingszwiebeln in feine Ringe schneiden und Kräuter hacken. Eine Handvoll der Kräuter aufheben, den Rest unter die Kartoffeln und die Roten Rüben mischen. Mit Sauerrahm, Mayonnaise, Salz und Pfeffer abschmecken und mindestens eine Stunde im Kühlschrank durchziehen lassen. Vor dem Anrichten mit den restlichen frischen Kräutern bestreuen.

Der Salat kann als Beilage oder kalte Vorspeise serviert werden.

Hinweis

Die Rote Rübe ist ein sehr wertvolles Gemüse, das langsam wieder in Mode kommt. Sie enthält jede Menge Vitamine und Spurenelemente und in ganzheitlichen Ernährungssystemen wird ihr eine besonders positive Wirkung auf die Blutbildung nachgesagt. Ihre leuchtend rote Farbe erfreut zudem auch das Auge. Mit Hilfe dieser Naturschönheit können Sie prachtvolle Farbkompositionen auf den Teller zaubern! Für die Zubereitung im Dampfgarer eignet sie sich besonders gut. Geschmack und Farbe bleiben so voll erhalten!

Wurzelfleischsalat

vom Schulterscherzl

Zutaten:

- 600 g Schulterscherzl (Schaufelstück vom Rind)
- 1 Bund Suppengemüse
- 1 Bund Petersilie
- 1 Lorbeerblatt
- 3 Wacholderbeeren
- 300 g Karotten
- 300 g gelbe Rüben
- 300 g festkochende Kartoffeln
- 5 cm frischer Kren (Meerrettich)
- Salz
- Pfeffer aus der Mühle
- Balsamicoessig
- Olivenöl extra vergine

Zubereitung:

Das Rindfleisch mit dem Suppengemüse, der Petersilie, dem Lorbeerblatt und den Wacholderbeeren in einen ungelochten Behälter füllen, mit Wasser aufgießen, sodass das Fleisch bedeckt ist, und 90 Minuten bei 100° C dämpfen.

Karotten, Rüben und Kartoffeln schälen und in kleine Würfel schneiden. Das Fleisch aus der Suppe nehmen, auskühlen lassen und in Würfel schneiden. In der Zwischenzeit das gewürfelte Gemüse bei 100° C je nach Größe und Sorte 7 bis 15 Minuten dämpfen. Fleisch und Gemüsewürfel vermengen, mit Salz und Pfeffer würzen und mit Olivenöl und Balsamicoessig marinieren. Kren schälen, reiben und über den Salat streuen. Lauwarm servieren.

Tipp

Die „nebenbei" entstandene Suppe können Sie als Basis für diverse Gemüsecremesuppen oder zum Verfeinern Ihrer Saucen verwenden!

Gedämpfter Gemüsesalat

mit weißem Thunfisch und gerösteten Sonnenblumenkernen

Zutaten:

- 2 Zucchini
- 6 mittelgroße Karotten
- 2 Fenchelknollen
- 6 Stangen Sellerie
- 3 kleine Schalotten
- 1 Zitrone
- 2 Dosen weißer Thunfisch aus nachhaltiger Fischerei
- 3 EL Sonnenblumenkerne
- 1 Bund Petersilie
- Kräutersalz
- Pfeffer aus der Mühle
- 2 EL Olivenöl extra vergine

Zubereitung:

Gemüse waschen, Karotten und Schalotten schälen. Zucchini, Karotten, Fenchel und Stangensellerie in kleine Stücke schneiden und bei 100° C 12 Minuten dämpfen. Schalotten und Petersilie fein hacken. Den Thunfisch mit dem fertig gedämpften Gemüse vermischen und mit Petersilie, Schalotten, Kräutersalz und Pfeffer würzen. Mit Olivenöl und dem Saft einer Zitrone aromatisieren und kurz durchziehen lassen. Sonnenblumenkerne ohne Öl in einer Pfanne rösten, bis sie nussig duften, über den Salat streuen und servieren.

Lauwarmer Rotkrautsalat

mit Himbeeren und Ziegenkäse

Zutaten:

- 500 g frisches Rotkraut (Blaukraut/Rotkohl)
- 100 g frische Himbeeren
- 5 grüne Kardamomhülsen
- 200 g Ziegenkäse
- 1 Schuss Himbeeressig
- 2 EL Olivenöl extra vergine
- Salz
- Pfeffer aus der Mühle

Zubereitung:

Rotkraut feinnudelig schneiden und salzen. Die Kardamomsamen aus den Hülsen schälen und mit dem Mörser zermahlen. Das Kraut damit würzen. In einen gelochten Behälter füllen und bei 100° C 5 bis 6 Minuten dämpfen. Das Rotkraut mit einem Schuss Himbeeressig und Olivenöl marinieren und die Himbeeren darunter mischen. Ziegenkäse auf dem Rotkraut drapieren und mit Pfeffer aus der Mühle bestreuen. Lauwarm servieren.

Spargelsalat
mit gedämpftem Rinderfilet

Zutaten:
- 500 g grüner Spargel (mitteldick)
- 500 g weißer Spargel (dünn)
- 400 g Rinderfilet
- 4 Frühlingszwiebeln
- 4 EL Kürbiskernöl
- 2 EL Olivenöl extra vergine
- 2 EL Balsamicoessig
- 1 Spritzer Zitronensaft
- Salz
- Pfeffer aus der Mühle

Zubereitung:
Spargel waschen, schälen und in einen gelochten Behälter geben.

Rinderfilet salzen, pfeffern und kurz in der Pfanne scharf anbraten. Anschließend in hitzebeständige Folie wickeln und ebenso in einen gelochten Behälter legen. Das Filet 25 Minuten bei 85° C dämpfen. Anschließend den Spargel in den Dampfgarer dazuschieben und beides miteinander weitere 12 Minuten bei 100° C dämpfen, sodass das Fleisch in Summe 37 Minuten gegart wird.

Frühlingszwiebeln in schräge Streifen schneiden. Rinderfilet in feine Scheiben aufschneiden und mit dem Spargel auflegen. Frühlingszwiebeln darüberstreuen, mit Kürbiskernöl, Olivenöl, Balsamicoessig, etwas Zitronensaft, Salz und Pfeffer marinieren. Lauwarm servieren!

Zucchini-Melanzani-Salat

Zutaten:

- 2 mittelgroße Zucchini
- 2 kleine längliche Melanzani (Auberginen)
- 1 Knoblauchzehe
- 2 EL Olivenöl extra vergine
- 1 Zitrone
- 1 Bund Petersilie
- Salz
- Pfeffer aus der Mühle

Zubereitung:

Gemüse waschen und in mitteldünne Scheiben (ca. 1/2 cm dick) schneiden. Knoblauch schälen und sehr fein hacken. Petersilie waschen, trocknen und ebenfalls hacken.

Zucchini und Melanzani bei 100° C 7 Minuten dämpfen. Mit gehacktem Knoblauch, Petersilie, Olivenöl, dem Saft einer Zitrone, Salz und Pfeffer würzen und etwas durchziehen lassen.

Als Beilage zu Brathuhn oder Reisgerichten servieren.

Tipp

Mit einer Dose weißen Thunfisch serviert ist dieser Salat eine köstliche leichte Mahlzeit für sich!

Sojamarinierte Rinderfiletspitzen
auf Asia-Wildkräutersalat

Zutaten:

- 250 g gemischte Wildkräuter oder Blattsalate
- 100 g Sprossen
- 200 g Rinderfiletspitzen
- 1 cm Ingwer
- 1 Knoblauchzehe
- 1 TL Szechuanpfeffer
- 3 EL Sojasauce
- 2 EL Sesamöl
- 1 EL Balsamicoessig
- 2 TL weißer Sesam
- 1 Handvoll essbare Blüten

Zubereitung:

Ingwer und Knoblauch schälen und fein hacken. Rinderfilet mit Knoblauch, Ingwer, Szechuanpfeffer und 2 EL Sojasauce einige Stunden marinieren. In eine Folie wickeln und 7 Minuten bei 100° C dämpfen. Aus der Folie auswickeln, den ausgetretenen Saft auffangen und mit Sesamöl, Balsamico und 1 EL Sojasauce zu einem Dressing vermischen.

Das Fleisch kalt stellen und anschließend in sehr dünne Scheiben schneiden. Diese auf einem Bett von Wildkräutern (oder Blattsalaten) und Sprossen drapieren. Mit dem Dressing überziehen, mit Sesam bestreuen und mit essbaren Blüten dekorieren.

Tipp

Essbare Blüten wie die von Kapuzinerkresse, Veilchen oder Esspelargonie verzaubern Ihren Salat in eine wohlschmeckende und farbenfrohe Augenweide! Haben Sie keine frischen Blüten zur Hand, können Sie in Bioläden oder Apotheken auch getrocknete Blüten bekommen.

Pastinaken-Birnen-Salat

mit gerösteten Walnüssen

Zutaten:

- 500 g Birnen
- 500 g Pastinaken
- 70 g geschälte Walnüsse
- 2 EL Balsamicoessig
- 2 EL Olivenöl extra vergine
- Salz
- Pfeffer aus der Mühle

Zubereitung:

Pastinaken und Birnen schälen und in kleine Stücke schneiden. Pastinaken bei 100° C je nach Größe und Sorte 5 bis 20 Minuten dämpfen, anschließend Birnen beifügen und weitere 2 Minuten dämpfen. Walnüsse in einer heißen Pfanne ohne Öl trocken rösten. Pastinaken, Birnen und Walnüsse vermengen. Den warmen Salat mit Olivenöl, Balsamicoessig, Salz und Pfeffer marinieren und servieren.

Wissenswertes

Walnüsse sind überaus hochwertige Nahrungsmittel. Sie enthalten u.a. wichtige Mineralstoffe, wertvolle Fettsäuren, B-Vitamine und Melatonin. Auf Herz, Kreislauf, Psyche, Nerven, Haare und Haut haben sie äußerst positive Auswirkungen. Laut der Traditionellen Chinesischen Medizin stärken Walnüsse zudem unsere Nierenenergie und unser Gehirn. Sie sollten daher regelmäßig auf unserem Menüplan stehen – allerdings in überschaubaren Mengen, da sie aufgrund des hohen Fettgehaltes (rund 600 kcal pro 100 g) sehr nahrhaft sind.

Suppen & Eintöpfe

Paprikaschaumsüppchen

mit Mandeln und Sherry

Zutaten:

- 600 g rote Paprika
- 40 g geriebene Mandeln
- 1 Knoblauchzehe
- 2–3 Schalotten
- 1 EL Olivenöl
- 1 Lorbeerblatt
- 500 ml Gemüsesuppe
- 2 cl Sherry
- Salz

Zubereitung:

Paprika waschen, entkernen und in Streifen schneiden. Knoblauch und Schalotten schälen und hacken. Paprika, Zwiebeln und Knoblauch mit 1 EL Olivenöl vermengen, die geriebenen Mandeln daruntermischen und alles mit Suppe aufgießen. Ein Lorbeerblatt beifügen und im Dampfgarer bei 100° C 35 Minuten weich dämpfen.

Anschließend das Lorbeerblatt entfernen, die Suppe mit dem Stabmixer pürieren, mit Salz und Sherry abschmecken und heiß servieren.

Gurkenschaumsuppe

mit Wildlachsstreifen aus Alaska

Zutaten:

- 1 1/2 Salatgurken
- 2 EL Gemüsesuppenwürze-Pulver
- 2 Knoblauchzehen
- 500 ml Bifidusmilch oder Sauermilch
- 1 Bund Dille
- 1 Wildlachsfachsfilet aus Alaska
- Salz
- Pfeffer aus der Mühle

Zubereitung:

Gurke schälen, der Länge nach halbieren. Mit einem kleinen Löffel die Kerne auskratzen. 1 Stück Gurke beiseitelegen. Den Rest in kleine Stücke schneiden und in einen ungelochten Behälter füllen. Geschnittene Gurken mit der Suppenwürze vermengen und mit der Bifidusmilch übergießen. Knoblauch schälen, hacken und beifügen. Im Dampfgarer bei 100° C 10 Minuten dämpfen.

In der Zwischenzeit den Lachs in feine Streifen schneiden. Das restliche Stück Gurke in kleine Würfel schneiden. Dille waschen, trocknen und hacken, etwas Dille für die Garnierung aufheben.

Die Gurkensuppe aus dem Dampfgarer nehmen, gehackte Dille beifügen und mit dem Stabmixer aufmixen. Mit Salz und Pfeffer abschmecken. Die heiße Suppe in Schalen gießen, Lachsstreifen einlegen, mit Dille und Gurkenwürfeln garnieren und servieren.

Tipp

Diese leicht säuerliche Suppe ist eine ideale Mahlzeit für heiße Sommertage! Gurke und Sauermilch wirken kühlend und versorgen den Körper mit Feuchtigkeit und Wasser.

Pilzsuppe

Zutaten:

- 500 g Kartoffeln
- 500 g Eierschwammerl (Pfifferlinge)
- 2 Frühlingszwiebeln
- 1 Bund Petersilie
- 2 Knoblauchzehen
- 1 l Suppe
- 1 EL Olivenöl extra vergine
- Salz
- Pfeffer aus der Mühle

Zubereitung:

Kartoffeln schälen und in Würfel schneiden. Pilze putzen und größere Exemplare halbieren bzw. vierteln. Frühlingszwiebeln waschen und klein schneiden. Knoblauch schälen und hacken. Petersilie waschen, trocken tupfen und ebenfalls klein hacken. Kartoffeln, Pilze, Zwiebeln, Knoblauch, Suppe und die Hälfte der gehackten Petersilie in einem ungelochten Behälter bei 100° C 35 Minuten dämpfen. Anschließend die Hälfte der Suppe pürieren, mit dem unpürierten Teil der Suppe vermengen, mit Olivenöl, Salz und Pfeffer abschmecken und mit der restlichen Petersilie bestreut servieren.

Tipp

Wenn keine Eierschwammerl (Pfifferlinge) erhältlich sind, verwenden Sie stattdessen Champignons!

Asia-Reisnudelsuppentopf

mit Huhn, Pilzen und Spinat

Zutaten:

- 1 l Hühnersuppe
- 1 Hühnerbrust
- 40 g Sprossen
- 40 g Blattspinat tiefgekühlt
- 100 g frische Austernpilze
- 2 Scheiben Ingwer
- Sojasauce
- 1 EL mildes Currypulver
- 1/2 Zitrone
- 70 g Reisnudeln

Zubereitung:

Austernpilze putzen und klein schneiden. Hühnerfleisch in Würfel schneiden.

Hühnersuppe in einen ungelochten Behälter gießen. Hühnerfleisch, Blattspinat, Pilze, Ingwer, Zitronensaft und Currypulver beifügen. Im Dampfgarer bei 100° C 10 Minuten dämpfen. Anschließend Reisnudeln beifügen und weitere 5 Minuten dämpfen. Sprossen in die heiße Suppe einlegen und mit Sojasauce abschmecken. Heiß servieren!

Meeresfrüchte-Tomaten-Eintopf

mit Fenchel und Pernod

Zutaten:

- 200 g Miesmuscheln
- 200 g Bio-Garnelen
- 200 g Bio-Fischfilets gemischt
- 60 g Lauch
- 400 g Tomaten aus der Dose
- 100 g Stangensellerie
- 1 Fenchelknolle mit Fenchelgrün
- 3 Knoblauchzehen
- 200 g festkochende Kartoffeln
- 4 cl Pernod
- 1/8 l trockener Weißwein
- 2 Lorbeerblätter
- 1/2 TL Safranfäden
- 2 frische Thymianzweige
- Salz
- Pfeffer aus der Mühle
- Olivenöl extra vergine

Zubereitung:

Muscheln bürsten, wässern und in einen gelochten Behälter geben. Garnelen putzen, Därme entfernen. Fischfilets in mundgerechte Stücke schneiden.

Kartoffeln schälen und in Würfel schneiden. Lauch in schräge Streifen schneiden. Stangensellerie waschen, faserige Teile entfernen und in Streifen schneiden. Knoblauch schälen und fein hacken. Fenchel waschen, den harten Mittelstrunk entfernen, Fenchelgrün abschneiden und aufheben. Fenchelknolle in Streifen schneiden.

Kartoffeln, Lauch, Stangensellerie, Fenchel und Tomaten in einen ungelochten Behälter füllen. Safran in etwas warmem Wasser einweichen und dazugeben. Lorbeerblatt, Thymianzweige, gehackten Knoblauch, Pernod und Weißwein beifügen, mit Salz und Pfeffer würzen und bei 100° C 25 Minuten dämpfen. Anschließend Garnelen und Fischstücke daruntermischen, Muscheln in einen weiteren ungelochten Behälter geben und alles gemeinsam bei 90° C weitere 7 Minuten dämpfen. Nicht geöffnete Muscheln entfernen, die anderen Muscheln mit etwas Muschelsud mit dem Eintopf vermengen, alles vorsichtig durchrühren. Mit Olivenöl, Salz und Pfeffer abschmecken.

Das Fenchelgrün fein hacken. Den Meeresfrüchteeintopf in tiefen Schalen servieren und mit Fenchelgrün bestreuen.

Tipp

Mit Baguette und einem Glas kühlen Weißwein auf der Terrasse bei Sonnenuntergang genießen.

Wärmender Chilisuppentopf

mit Mais, Paprika und Kräutertrilogie

Zutaten:

- 300 g Rindsgulaschfleisch (Nacken, Wade oder Hüfte)
- 1 roter Paprika
- 1 Fenchelknolle
- 3 Schalotten
- 1 Knoblauchzehe
- 200 g Maiskörner aus der Dose
- 1 EL Rosenpaprika
- 1 Lorbeerblatt
- 1/2 TL Kümmel
- 1 EL Tomatenmark
- 1 TL Majoran
- 1 Chili
- 500 ml Suppe
- 1/2 Bund Koriandergrün
- 1/2 Bund Petersilie
- 1/2 Bund Schnittlauch
- Salz
- Pfeffer aus der Mühle

Zubereitung:

Paprika und Fenchel waschen und klein schneiden. Fleisch zuputzen und in Würfel schneiden. Chili entkernen und klein hacken. Knoblauch und Schalotten schälen und fein hacken. Alle Zutaten (außer den frischen Kräutern) in einen ungelochten Behälter geben und mit Lorbeer, Rosenpaprika, Kümmel und Majoran würzen. Einen Esslöffel Tomatenmark darunterrühren, mit Suppe aufgießen und im Dampfgarer bei 100° C 90 Minuten garen. Mit Salz und Pfeffer abschmecken.

In der Zwischenzeit Koriander, Petersilie und Schnittlauch fein hacken. Die fertig gekochte heiße Chilisuppe damit bestreuen und heiß servieren.

Tipp

Suppen und Eintöpfe eignen sich gut dazu, sie in größeren Mengen zuzubereiten. In eine Thermosflasche abgefüllt sind sie ein willkommenes und wärmendes Mittagessen fürs Büro und unterwegs!

Sellerie-Kürbiscremesuppe

Zutaten:

- 300 g Knollensellerie
- 500 g Butternuss-Kürbis
- 100 g Tomaten
- 40 g Schalotten
- 800 ml Suppe
- 2 EL Kürbiskerne
- Salz
- Pfeffer aus der Mühle
- 1 Schuss Kürbiskernöl

Zubereitung:

Gemüse schälen und schneiden. Tomaten vom Strunk befreien und würfeln (man kann auch Dosentomaten verwenden). Mit Suppe und Kürbiskernen in einen ungelochten Garbehälter geben und bei 100° C 30 Minuten dämpfen. Anschließend pürieren und mit Salz, Pfeffer und einem Schuss Kürbiskernöl abschmecken. Mit ein paar Kürbiskernen bestreut servieren.

Kichererbsencremesuppe

Zutaten:

- 300 g getrocknete Kichererbsen
- 4 EL Tahin (Sesampaste)
- 1 Knoblauchzehe
- 1 1/2 TL Kreuzkümmel
- 1 Lorbeerblatt
- 800 ml Gemüsesuppe
- Meersalz
- Bunter Pfeffer aus der Mühle
- 1/2 Bund Petersilie

Zubereitung:

Kichererbsen über Nacht einweichen. Am Folgetag das Einweichwasser abgießen und mit reichlich frischem Wasser in einen ungelochten Garbehälter geben und ein Lorbeerblatt beifügen. Bei 100° C (je nach Sorte und Packungshinweis) rund 1 Stunde weich dämpfen. Anschließend das Kochwasser abseihen, Lorbeerblatt entfernen und mit Gemüsesuppe, Tahin, Knoblauch und Kreuzkümmel zu einer cremigen Suppe pürieren. Mit Salz und Pfeffer abschmecken und mit gehackter Petersilie bestreuen. Heiß servieren.

Geflügel & Fleisch

Gedämpfte Teigtaschen

mit Hühnerfleisch, Ingwer und süß-scharfer Chilisauce

Zutaten:

- 12 Wantan-Teigblätter (tiefgekühlt im Asiamarkt erhältlich)
- 1 Hühnerbrust
- 2 Scheiben frischer Ingwer
- 1/2 Knoblauchzehe
- 100 g Mungbohnensprossen („Sojasprossen")
- 1 Handvoll Petersilie
- 1 EL Sojasauce
- 1/2 TL Kurkuma
- 1 TL Sesamöl
- 1 Ei

Für die Sauce:

- 1 EL brauner Zucker
- 125 ml Sojasauce
- 1 Frühlingszwiebel
- 1 Chili

Zubereitung:

Das Hühnerfleisch fein hacken oder durch den Fleischwolf drehen. Petersilie waschen und sehr fein schneiden. Ingwer und Knoblauch schälen und klein hacken. Sojasprossen waschen und etwas zerkleinern. Alle Zutaten vermengen und mit Kurkuma, Sojasauce und Sesamöl würzen.

Das Ei verquirlen. Wantan-Teigblätter leicht antauen lassen und je 1 Löffel Hühnerfülle daraufsetzen. Die Ränder mit dem Ei bestreichen – dieses dient als Klebstoff. Zu Teigtaschen zusammendrehen oder falten.

Einen gelochten Behälter mit Öl einstreichen und die Hühnerteigtaschen 10 Minuten bei 100° C dämpfen.

Für die Sauce braunen Zucker karamellisieren und mit Sojasauce ablöschen. Etwas einreduzieren lassen. Frühlingszwiebel und Chili fein hacken und unter die Sauce rühren.

Gedämpfte Wantans mit der Sauce als Vorspeise servieren.

Szegediner Putengulasch

mit rotem Paprika

Zutaten:

- 500 g Sauerkraut
- 500 g Putenfleisch
- 1 roter Paprika
- 4 Schalotten
- 2 EL Paprika edelsüß
- 1 Lorbeerblatt
- 4 Wacholderbeeren
- 6 schwarze Pfefferkörner
- 2 Knoblauchzehen
- 1 EL gemahlener Kümmel
- 1 EL Suppenwürze
- 1 EL Olivenöl
- 4 TL Sauerrahm (saure Sahne)

Zubereitung:

Putenfleisch in Würfel schneiden. Zwiebeln schälen, fein schneiden und in Olivenöl in einer Pfanne anrösten. Paprika in kleine Würfel schneiden. Knoblauch hacken.

Alle Zutaten (außer Sauerrahm) in eine ungelochte Schale füllen und bei 100° C eine Stunde dämpfen.

Mit einem Klecks Sauerrahm servieren.

Dazu passen gedämpfte Salzkartoffeln.

Hühnerbruströllchen

mit Rucola und Pfeffer-Joghurt-Sauce

Zutaten:

- 2 Hühnerbrüste
- 60 g Rucola
- 1 Becher Joghurt
- 1 EL eingelegter grüner Pfeffer
- Salz
- Pfeffer aus der Mühle
- Zahnstocher

Zubereitung:

Die Hühnerbrüste der Dicke nach halbieren, sodass das Fleisch dünn genug ist, um daraus kleine Rouladen zu rollen. Salzen und pfeffern. Den Rucola mit dem Stabmixer zu einer grünen Paste zerkleinern und diese auf die Hühnerbrüste aufbringen. Zusammenrollen und mit Zahnstochern verschließen. Bei 100° C 15 Minuten dämpfen.

Für die Pfeffer-Joghurt-Sauce den grünen eingelegten Pfeffer fein hacken und mit dem Joghurt verrühren, mit Salz und Pfeffer aus der Mühle würzen.

Die Röllchen mit der Joghurt-Sauce überziehen und auf Blattsalat oder mit Weißbrot als leichte Vorspeise servieren.

Lamm

im Minze-Ingwer-Mantel

Zutaten:

- 4 kleine vordere Lammstelzen
- 1 cm Ingwer
- 4 Knoblauchzehen
- 1 Bund Minze
- 1 EL Olivenöl
- Salz
- Pfeffer aus der Mühle
- Frischhaltefolie

Zubereitung:

Die Lammstelzen mit Salz und Pfeffer würzen. Knoblauch, Ingwer und Minze fein hacken und vermengen. Das Lamm mit Olivenöl einschmieren und anschließend in der Kräutermischung wenden. In eine hitzebeständige Folie einwickeln und in einer gelochten Schale 1,5 Stunden bei 100° C dämpfen.

Anschließend die Folie entfernen und die Lammkeulen mit orientalischem Gemüsereis (S. 69) oder indischen Joghurtkartoffeln (S. 66) servieren.

Hühnergulasch
mit buntem Paprika

Zutaten:
- 1 Bio-Huhn, zerlegt in 10 Teile
- 1 roter Paprika
- 1 gelber Paprika
- 300 g festkochende Kartoffeln
- 1 Zwiebel
- 3 Knoblauchzehen
- 2 EL Olivenöl
- 2 EL Rosenpaprika
- 2 EL Tomatenmark
- 1 TL gemahlener Kümmel
- 1 EL getrockneter Majoran
- 1/8 l Suppe
- Salz
- Pfeffer aus der Mühle

Zubereitung:
Zwiebel und Knoblauch schälen und hacken. Hühnerteile salzen und am Herd in einer Pfanne mit etwas heißem Olivenöl scharf anbraten, sodass die Haut schön braun wird. In einen ungelochten Behälter umstechen. Im restlichen Bratöl Zwiebel anrösten, Tomatenmark, Rosenpaprika und Kümmel beifügen, kurz durchrösten und mit der Suppe aufgießen. Umrühren, sodass sich die Bratenreste vom Pfanneboden lösen. Diese Zwiebel-Gewürzmischung über das Huhn gießen.

Paprika waschen, von Kernen, Stiel und Seitenwänden befreien und in Würfel schneiden, dem Huhn beifügen. Mit dem gehackten Knoblauch, Majoran, Salz und Pfeffer aus der Mühle würzen und insgesamt 1 Stunde bei 100° C dämpfen. In der Zwischenzeit die Kartoffeln schälen und der Länge nach vierteln. Nach der Hälfte der Garzeit die Kartoffeln beifügen und fertig dämpfen.

Tipp

Dieses Hühnergulasch hat eine suppige Konsistenz. Wer die Sauce etwas eindicken will, kann gegen Ende der Garzeit etwas Vollkornmehl, Maizena oder Kuzu einrühren.

Putenreis

mit Ananas und Koriander

Zutaten:

- 300 g Parboiled-Reis
- 450 g Hühnersuppe
- 300 g Putenbrust
- 300 g Ananas (geschält)
- 1 roter Chili
- 1 Zimtstange
- 4 Frühlingszwiebeln
- 1/2 Bund Petersilie
- 1/2 Bund Koriander
- Salz
- Pfeffer aus der Mühle

Zubereitung:

Den weißen Teil der Frühlingszwiebeln klein schneiden, den grünen Teil aufheben. Putenbrust und Ananas in Würfel schneiden. Chili entkernen und klein hacken. Reis, Hühnersuppe, Putenbrust, Ananas, Chili und geschnittene Zwiebeln in einen ungelochten Garbehälter geben, salzen und bei 100° C 25 Minuten dämpfen. Anschließend die grünen Stiele der Jungzwiebeln, Petersilie und Koriander fein hacken und unter den fertig gegarten Putenreis rühren. Mit Salz und Pfeffer abschmecken und heiß servieren.

Wissenswertes

Ananas enthält so wie Feige und Papaya besonders viele Enzyme. Diese Früchte sind unserem Stoffwechsel eine große Hilfe. Sie unterstützen unsere Verdauung und können – regelmäßig in unsere Ernährung eingebaut – diversen Krankheiten vorbeugen. Die Ananas verfügt über eine Vielzahl an Vitaminen und Mineralstoffen, wirkt entwässernd und hat eine besonders positive Wirkung auf Magen und Darm. In der Volksmedizin wird Ananassaft als fiebersenkendes und hustenstillendes Mittel zum Einsatz gebracht.

Kräuter-Putenrouladen

mit Knoblauch-Joghurtsauce

Zutaten:

- 4 dünn geschnittene Putenschnitzel
- 1 Handvoll Rucola
- 2 Frühlingszwiebeln
- 1/2 Bund Petersilie
- 1/2 Bund Koriander
- 1/2 Bund Basilikum
- 1 EL Olivenöl extra vergine
- Salz
- Pfeffer aus der Mühle

Für die Sauce:

- 1 Becher Joghurt
- 1 Knoblauchzehe
- Salz
- Pfeffer aus der Mühle

Zubereitung:

Putenschnitzel salzen und pfeffern. Rucola, Frühlingszwiebeln, Kräuter und Olivenöl mit dem Stabmixer zu einer Paste mixen. Putenschnitzel mit der Kräuterpaste bedecken und zu Rouladen zusammenrollen. Mit Zahnstochern oder Küchengarn verschließen. In einem gelochten Behälter 15 Minuten bei 100° C dämpfen.

Für die Sauce das Joghurt mit einer gehackten Knoblauchzehe verrühren und mit Salz und Pfeffer abschmecken. Eventuell ein paar Kräuter unterrühren. Die gedämpften Putenrouladen mit der Joghurtsauce servieren. Dazu passt Reis oder Dinkeltoast!

Tipp

Sie können die verwendeten Kräuter nach Geschmack variieren. Probieren Sie mal Salbei oder Pfefferminze!

Saftige Rindsschnitzel
in Karotten-Sellerie-Sauce

Zutaten:
- 800 g Rindsschnitzel, dünn geschnitten
- 250 g Knollensellerie
- 250 g Karotten
- 2 EL Senf
- 1 EL Tomatenmark
- 1 EL Olivenöl extra vergine
- 1 TL getrockneter Thymian
- 1 Bund Petersilie
- 2 Knoblauchzehen
- 200 g Zwiebeln
- 1 EL Biosuppenwürzepulver
- 1/8 l Rotwein
- 2 Lorbeerblätter
- Salz
- Weißer Pfeffer aus der Mühle

Zubereitung:
Karotten, Sellerie, Knoblauch und Zwiebeln schälen. Karotten und Sellerie in kleine Stücke schneiden, Knoblauch hacken, Zwiebeln in feine Streifen schneiden. Petersilie waschen und fein hacken.

Rindschnitzel mit Salz und Pfeffer würzen und mit Senf bestreichen. In einer Pfanne mit Olivenöl scharf anbraten, aus der Pfanne nehmen. In der gleichen Pfanne die Zwiebeln rösten, bis sie goldbraun sind. Das geschnittene Gemüse mit dem Fleisch in einen ungelochten Garbehälter füllen. Lorbeer, Tomatenmark, Thymian, Suppenwürze und die Hälfte der Petersilie daruntermischen. Mit Rotwein aufgießen und im Dampfgarer 100 Minuten bei 100° C dämpfen.

Anschließend das Fleisch herausnehmen, das Gemüse pürieren, mit Salz und Pfeffer abschmecken und wieder über das Fleisch gießen. Wem die Sauce zu dick ist, der kann sie mit etwas Suppe flüssiger machen. Die restliche gehackte Petersilie darüberstreuen und servieren.

Dazu passt Reis oder ein Schwarzbrotknödelsoufflé (S. 74)!

Kalbsrouladen

mit Pastinaken und Estragon in Kapern-Senf-Sauce

Zutaten:

- 4 Kalbsschnitzel
- 800 g Pastinaken
- 1/2 Bund Estragon
- 2 EL Estragonsenf
- 2 EL Dijon-Senf
- 2 EL Kapernbeeren
- 2 Zwiebeln
- 2 Knoblauchzehen
- 2 EL Olivenöl
- 200 ml Weißwein
- 125 ml Suppe
- Salz
- Weißer Pfeffer
- Küchengarn
- Evtl. 1 EL Maizena

Zubereitung:

Pastinaken schälen und 2 Stück davon in dünne Stifte, den Rest in kleine Würfel schneiden. Kalbsschnitzel klopfen, mit Salz und weißem Pfeffer würzen und mit beiden Senfsorten bestreichen. Pastinakenstifte und frisch abgezupften Estragon auf die Kalbsschnitzel legen, einrollen und mit dem Küchengarn zusammenbinden. In einer Pfanne in heißem Olivenöl kurz scharf anbraten.

Zwiebel fein schneiden, Knoblauch und Kapernbeeren klein hacken. Diese Zutaten gemeinsam mit den würfelig geschnittenen Pastinaken in einen ungelochten Behälter füllen und den restlichen Senf daruntermischen. Die angebratenen Kalbsrouladen darauflegen. Mit Weißwein und Suppe aufgießen und im Dampfgarer bei 100° C 1 Stunde dämpfen. Die Rouladen anschließend herausnehmen, die Sauce pürieren, salzen und pfeffern und, falls die Sauce zu flüssig ist, mit etwas Maizena abbinden.

Küchengarn entfernen, Rouladen schräg aufschneiden und mit der Sauce überziehen. Mit frischen Estragonblättern dekorieren!

Dazu passen Reis oder feine Bandnudeln – beides können Sie ebenfalls parallel im Dampfgarer zubereiten!

Knuspriges Bio-Huhn

mit Ciabatta-Oliven-Füllung

Zutaten:

- 1 Bio-Huhn (ca. 1 kg)
- 2 Knoblauchzehen
- 100 g schwarze Oliven, entkernt
- 1 Ciabatta-Brot (200 g)
- 2 Eier
- 120 ml Milch
- 1 roter Paprika
- 1 gelber Paprika
- 2 Zucchini
- 300 g Tomaten
- 1 Bund Kräuter der Provence
- 1 Bio-Zitrone
- 100 ml Olivenöl extra vergine
- Salz
- Pfeffer aus der Mühle

Zubereitung:

Für die Füllung den Knoblauch schälen und mit den Oliven fein hacken. Das Brot in Würfel schneiden, mit Knoblauch, Oliven, Eiern und Milch vermengen. Mit Salz und Pfeffer abschmecken. Das Huhn waschen, trocken tupfen und mit Salz und Pfeffer einreiben. Mit der Brotmischung füllen. Bei 95 °C 65 Minuten im gelochten Behälter dämpfen.

Paprikaschoten halbieren, entkernen und mit den Zucchini und Tomaten waschen. Alles in mundgerechte Stücke schneiden. Kräuter waschen und trocken schütteln. Zitrone waschen, trocken tupfen und in Scheiben schneiden. Das Gemüse mit 80 ml Olivenöl, Kräutern, Salz, Pfeffer und Zitronenscheiben in einen ungelochten Behälter geben und mit Frischhaltefolie abdecken. Nach 40 Minuten Garzeit (Huhn) ebenfalls in den Dampfgarer geben und 20 bis 25 Minuten mitdämpfen. Gegen Ende der Garzeit Backofengrill vorheizen.

Huhn in 8 Teile zerlegen und mit dem restlichen Olivenöl einpinseln. Unter dem Backofengrill ca. 8 Minuten bräunen. Das Huhn mit dem Gemüse und der Füllung anrichten.

Tipp

Übriggebliebene Brotfüllung in Frischhaltefolie wickeln, wie ein Bonbon zusammenrollen, Folie mehrmals einstechen und 15 Minuten mit dem Gemüse mitdämpfen.

Süßkartoffelauflauf

Zutaten:

- 300 g Süßkartoffeln
- 300 g festkochende Kartoffeln
- 100 g Parmesan

Für die Sauce:

- 300 g Stangensellerie
- 150 g Karotten
- 700 g reife Tomaten (wahlweise aus der Dose)
- 100 g Zwiebeln
- 3 Knoblauchzehen
- 600 g Rinderfaschiertes (Rinderhackfleisch)
- 1 EL brauner Zucker
- 5 EL Tomatenmark
- 3 EL Olivenöl extra vergine
- 125 ml guter italienischer Rotwein
- 1 kleiner Bund Oregano
- 1 kleiner Bund Basilikum
- 1 kleiner Bund Petersilie
- 1 Prise Muskatnuss (frisch gerieben)
- Salz
- Pfeffer aus der Mühle

Zubereitung:

Für die Sauce:

Zwiebeln und Knoblauch schälen und fein hacken. Stangensellerie waschen und in kleine Stücke schneiden. Karotten schälen und sehr fein schneiden. Tomaten waschen, kreuzweise einschneiden und 2 Minuten bei 100° C blanchieren, anschließend die Haut abziehen, Strunk entfernen, entkernen und das Fruchtfleisch in Würfel schneiden. (Alternativ dazu können Sie auch Tomaten aus der Dose verwenden). Sämtliche Zutaten für die Sauce (außer den Kräutern) in einen ungelochten Behälter geben, mit Salz, Pfeffer und etwas geriebener Muskatnuss würzen, mit Rotwein und Olivenöl aromatisieren. Mit Frischhaltefolie bedecken und 2 Stunden bei 100° C dämpfen. Zum Schluss Kräuter hacken und daruntermischen. Überschüssige Flüssigkeit abgießen.

Für den Auflauf:

Nun Süßkartoffeln und Kartoffeln schälen und in Scheiben schneiden. In eine Auflaufform abwechselnd schichten, salzen und darauf eine Lage der Sauce verteilen. Darauf abermals Kartoffeln und Süßkartoffeln legen und wieder mit Sauce bedecken. So fortfahren, bis alles aufgebraucht ist. Mit Folie abdecken und 35 Minuten bei 100° C dämpfen. Etwas überkühlen und abermals überschüssige Flüssigkeit abgießen.

Parmesan reiben und auf dem Auflauf verteilen. Nun im Backrohr oder *Combi-Dampfgarer* mit Heißluft 15 Minuten bei 200° C überbacken, sodass der Käse schön braun wird.

Mit Blattsalat servieren!

Hirschkalbsragout
auf mediterrane Art

Zutaten:
- 900 g Hirschkalbfleisch
- 300 g Karotten
- 300 g Stangensellerie
- 400 g Tomaten
- 100 g Schalotten
- 3 Knoblauchzehen
- 2 EL Mehl
- 1 EL Olivenöl extra vergine
- 3 frische Rosmarinzweige
- 1 Bund Petersilie
- 3 EL Tomatenmark
- 2 EL Kapernbeeren in Öl eingelegt
- 3 Lorbeerblätter
- 150 ml guter italienischer, französischer oder spanischer Rotwein
- Meersalz
- Pfeffer aus der Mühle

Zubereitung:
Fleisch putzen, Sehnen und Fett entfernen, in Würfel schneiden und mit Salz und Pfeffer würzen. Gemüse waschen, Karotten, Schalotten und Knoblauch schälen. Tomaten vom grünen Strunk befreien. Schalotten und Knoblauch fein hacken, Karotten und Sellerie klein schneiden. Tomaten würfeln. Die Hälfte der Petersilie und des Rosmarins fein hacken und gemeinsam mit dem Gemüse in einen ungelochten Behälter füllen.

Das Fleisch mit Mehl stauben und in einer Pfanne mit heißem Olivenöl am Herd scharf anbraten. Tomatenmark beifügen und kurz mitrösten. Mit Rotwein aufgießen, durchrühren und über das Gemüse gießen. Lorbeerblätter und Kapernbeeren beifügen und 90 Minuten bei 100° C im Dampfgarer dämpfen. Vor dem Servieren die restlichen Kräuter hacken und das Ragout damit bestreuen.

Dazu passt Petersilienpolenta mit Parmesan (S. 72).

Fisch & Meeresfrüchte

Blitzschnelles, feuriges thailändisches
Bio-Garnelencurry

Zutaten:

- 400 g Bio-Garnelen
- 1 mittelgroße Zucchini
- 400 ml Kokosmilch
- 4 EL gelbe thailändische Currypaste
- 1 Spritzer thailändische Fischsauce
- Saft von 1/2 Limette
- 8 Limettenblätter
- 4 rote Chilis
- Salz

Zubereitung:

Kokosmilch und Currypaste mit dem Stabmixer vermixen. Mit etwas Salz, Limettensaft und Fischsauce würzen. Zucchini waschen, Stielansatz entfernen und in kleine Stücke schneiden. Garnelen und Zucchini in einen ungelochten Garbehälter füllen und mit der Curry-Kokosmilch übergießen. Limettenblätter und Chilis beifügen. Bei 90° C 5 Minuten dämpfen. Mit Jasminreis servieren.

Fischsauce und Currypaste bekommen Sie im Asialaden, manchmal auch in gut sortierten Supermärkten.

Tipp

Wer es weniger scharf mag, dämpft keine Chilischoten mit und verwendet weniger Currypaste.

Biolachs-Wantans

mit Chili und Koriander

Zutaten:

- 1 Biolachsfilet aus Irland, Schottland oder Norwegen
- 12 Wantan-Teigblätter (tiefgefroren im Asiamarkt erhältlich)
- 1 Frühlingszwiebel
- 1 Chili
- 1/2 Bund Koriander
- Fischsauce (oder Sojasauce)
- 200 g gemischter Blattsalat

Für die Sauce:

- 125 ml Sojasauce
- 1 Knoblauchzehe

Zubereitung:

Das Lachsfilet entgräten und fein hacken oder durch den Fleischwolf drehen. Frühlingszwiebel und Koriander hacken. Chili entkernen und ebenfalls fein hacken. Alle Zutaten vermengen und mit Fischsauce oder Sojasauce abschmecken.

Die Wantan-Teigblätter leicht antauen lassen. Auf jedes Teigblatt 1 Löffel Lachsfülle setzen und zu Teigtaschen zusammendrehen oder falten. Einen gelochten Behälter mit Öl bestreichen und die Wantans 10 Minuten bei 100° C dämpfen.

Für die Sauce Knoblauch schälen, fein hacken und mit der Sojasauce verrühren.

Die fertig gegarten Wantans auf Blattsalat mit der Knoblauch-Sojasauce als Vorspeise servieren.

Karibisch gefüllte heimische
Bio-Saiblinge

Zutaten:
- 4 kleine heimische Bio-Saiblingsfilets
- 1 Limette
- 2 Schalotten
- 1 EL Senf
- 4 mittelgroße reife Tomaten
- 1 TL Mehl
- 1 Bund Petersilie
- 1 EL Olivenöl extra vergine
- Salz
- Pfeffer aus der Mühle
- Zahnstocher

Für die Gewürzfülle:
- 1 Zwiebel
- 2 Frühlingszwiebeln
- 1 Chili
- 1/2 TL Nelkenpulver
- 1 Zweig Thymian
- 1 Knoblauchzehe
- 1 Spritzer Limettensaft
- Salz

Zubereitung:
Alle angegebenen Zutaten der Gewürzfülle sehr klein hacken und – eventuell im Mixer – zu einer Paste verrühren. Die Fischfilets mit Limettensaft beträufeln, salzen und pfeffern und mit einem Löffel der Gewürzfülle belegen. Zu Röllchen zusammenrollen und mit einem Zahnstocher fixieren.

Tomaten vom Strunk befreien und sehr klein würfeln. Schalotten schälen, fein schneiden und beides in einen ungelochten Behälter verteilen. Petersilie hacken und daruntermischen. Senf, Olivenöl und 1 EL Mehl beifügen, mit Salz und Pfeffer würzen, verrühren und im Dampfgarer bei 100° 10 Minuten dämpfen. Anschließend die Fischröllchen daraufsetzen und weitere 20 Minuten bei 90° C dämpfen.

Dazu passt Kokosmilchreis mit Schwarzaugenbohnen (S. 71).

Tipp
Diese Gewürzfülle ist in der Karibik sehr beliebt. Sie wird auch zum Füllen von Geflügel- oder Bratenstücken verwendet und gibt Fisch und Fleisch einen interessanten, würzig-pikanten Geschmack – probieren Sie's aus!

Heimische Bio-Forelle

mit Kräuter-Gewürzbauch auf Gemüsebett

Zutaten:

- 4 mittelgroße heimische Bio-Forellen
- 4 Gelbe Rüben
- 4 Karotten
- 4 Stangen Sellerie
- 1 Zitrone
- 4 Knoblauchzehen
- 4 cm frische Ingwerwurzel
- 1 Bund Petersilie
- 1 Schuss Olivenöl extra vergine
- Meersalz
- Bunter Pfeffer aus der Mühle

Zubereitung:

Forelle waschen und trocken tupfen. Mit Salz und Pfeffer innen und außen würzen. Knoblauch und Ingwer schälen, Petersilie waschen und alles klein hacken. Zitrone in Scheiben schneiden. Den Bauch der Forelle mit der Kräuter-Gewürzmischung füllen. Karotten schälen, Stangensellerie waschen, Stiel und Blätter entfernen. Karotten und Stangensellerie mit einem Julienneschneider in feine Streifen schneiden. Die Gemüsestreifen in einen gelochten Behälter füllen, mit Salz, Pfeffer, Zitronensaft und Olivenöl aromatisieren, darauf die Forellen platzieren und mit den Zitronenscheiben belegen. Bei 90° C 15 Minuten dämpfen.

Wissenswertes

Diese leichte Sommermahlzeit versorgt Sie mit hochwertigem Fischeiweiß, wertvollen mehrfach ungesättigten Fettsäuren sowie jeder Menge Mineralstoffen und Vitaminen. Ein echtes Schlankmacherrezept!

Muscheln
in Weißweinsud

Zutaten:
- 1 kg Miesmuscheln
- 250 ml guten trockenen Weißwein
- 4 Knoblauchzehen
- 1 kleiner Bund Petersilie
- Meersalz
- 2 EL Olivenöl

Zubereitung:
Muscheln säubern, den Bart entfernen und in kaltem Wasser wässern. Knoblauch schälen und sehr fein hacken. Petersilie waschen und ebenfalls klein hacken. Muscheln in einen ungelochten Behälter füllen. Knoblauch, Weißwein und die Hälfte der Petersilie beifügen. Mit Salz und Pfeffer würzen, etwas Olivenöl darüberträufeln. Bei 100° C 7 Minuten dämpfen. Anschließend mit der restlichen Petersilie bestreuen und mit dem Sud sofort servieren.

Tipp

Muscheln, die vor dem Kochen bereits geöffnet sind, unbedingt wegwerfen! Muscheln, die auch nach dem Dämpfen geschlossen bleiben, ebenso entsorgen!

Beilagen

Indische Joghurtkartoffeln

Zutaten:

- 500 g festkochende Kartoffeln
- 1 TL Fenchelsamen
- 1 TL Koriandersamen
- 1 grüner Chili
- 200 ml Joghurt
- 1/2 Bund Minze
- Salz

Zubereitung:

Kartoffeln in einem gelochten Behälter je nach Sorte und Größe circa 30 Minuten dämpfen. Anschließend schälen und in Würfel schneiden. Fenchel und Koriander in einer Pfanne trocken rösten, bis sie zu duften beginnen. Chili ntkernen und klein hacken. Fenchel- und Koriandersamen im Mörser fein mahlen. Kartoffeln, Joghurt, Chili und Gewürze verrühren und salzen. Im Kühlschrank durchziehen lassen, mit gehackter Minze bestreuen und servieren.

Passt gut zu Lamm- und Grillgerichten!

Luftiges Süßkartoffel-Kürbismousse

Zutaten:

- 400 g Süßkartoffeln
- 400 g Butternuss-Kürbis
- 2 Eier
- 1 Prise Muskatnuss (frisch gemahlen)
- 1/2 TL gemahlene Koriandersamen
- Salz
- Pfeffer aus der Mühle

Zubereitung:

Süßkartoffeln und Kürbis schälen, in Stücke schneiden und in einen gelochten Garbehälter füllen. Im Dampfgarer bei 100° C 15 Minuten dämpfen. Anschließend pürieren, mit Muskat, Koriander, Salz und Pfeffer würzen. Eier und Eiklar (Eiweiß) trennen, das Eigelb (Eiweiß) unter das Gemüsepüree rühren. Eiweiß (Eiklar) zu Schnee schlagen und unter die Masse heben. In Formen abfüllen, mit Folie abdecken und 18 Minuten bei 90° C dämpfen. In den Formen servieren.

Tipp

Dieses lockere, süßliche Mousse passt hervorragend zu pikanten Fleisch- oder Fischspeisen!

Petersilwurzelpürree

Zutaten:

- 500 g Petersilwurzeln
- 500 g mehlige Kartoffeln
- 1 Bund Petersilie
- 125 ml Halbfettmilch
- 1 Schuss Olivenöl extra vergine
- Salz
- Pfeffer aus der Mühle

Zubereitung:

Petersilwurzeln und Kartoffeln schälen, in Stücke schneiden und in einem ungelochten Behälter je nach Größe rund 20 Minuten bei 100° C dämpfen. In eine Schüssel umfüllen, mit der Milch aufgießen und mit dem Mixer zu einem Püree zerkleinern. Mit Salz, Pfeffer und einem Schuss Olivenöl aromatisieren. Passt hervorragend zu Fisch und Wild!

Wissenswertes

Petersilie sollte in einer gesundheitsbewussten Küche regelmäßig zum Einsatz kommen. Dieses aromatische Würzkraut hat einen enorm hohen Gehalt an Vitamin C und Eisen und hilft uns somit, fit und gesund zu bleiben!

Orientalischer Gemüsereis

Zutaten:

- 1 Melanzani (Aubergine)
- 1 Zucchini
- 1 Fenchelknolle
- 1 rote Zwiebel
- 5 Tomaten
- 100 g Basmatireis
- 1 Zimtstange
- 2 TL Koriandersamen
- 2 TL Kreuzkümmelsamen
- 2 TL Paprika, edelsüß
- 3 Kardamomkapseln
- Salz
- Pfeffer aus der Mühle
- 1 EL Olivenöl extra vergine

Zubereitung:

Das Gemüse waschen, Zwiebel schälen. Melanzani, Zucchini und Fenchel in Würfel schneiden. Fenchelgrün aufheben. Zwiebel in Streifen schneiden. Tomaten vom Strunk befreien und ebenfalls klein schneiden.

Sämtliches Gemüse in eine ungelochte Schale füllen. Kardamom aus der Kapsel schälen und mit Kreuzkümmel und Koriandersamen im Mörser zu einem Pulver reiben (alternativ kann man auch bereits gemahlene Gewürze verwenden). Das Gemüse mit einer Zimtstange, Paprika und den gemörserten Gewürzen sowie Salz und Pfeffer würzen und vermischen. Etwas Olivenöl dazugießen und im Dampfgarer bei 100° C 35 Minuten dämpfen.

Das Gemüse durchrühren und Basmatireis beifügen. Das Gemüse sollte genug Wasser abgeben, damit der Reis darin dämpfen kann – ist aber variabel und abhängig von den jeweiligen Gemüsesorten. Falls nötig, noch etwas Wasser beifügen. Alles zusammen weitere 15 Minuten dämpfen. Mit Fenchelgrün dekorieren und heiß servieren.

Tipp

Orientalischer Gemüsereis passt gut zu Lammgerichten!

Bunte Reisvariationen

Leuchtend roter Rübenreis

Zutaten:

- 200 g Langkorn-Vollwertreis
- 300–400 ml Rote-Rüben-Saft (Rote-Beete-Saft)
- 2 cm Kren, gerieben (Meerrettich)
- 1 TL gemahlener Kümmel
- 1 TL Walnussöl
- Salz

Zubereitung:

Reis mit Rote-Rüben-Saft, Kümmel und der Hälfte des Krens in einen ungelochten Behälter füllen und bei 100° C 50 Minuten weich dämpfen. Etwaige überschüssige Flüssigkeit abgießen und mit Salz und Walnussöl abschmecken. Mit etwas geriebenem Kren bestreut servieren. Passt gut zu geräuchertem Fisch!

Hinweis

Die benötigte Flüssigkeitsmenge variiert nach Reissorte und gewünschter Bissfestigkeit. Bitte beachten Sie dazu die Flüssigkeitsangaben auf der Packung!

Grüner Spinatreis

Zutaten:

- 200 g Parboiled-Reis
- 50 g Blattspinat
- 1/2 Zwiebel
- 1 Knoblauchzehe
- Salz
- Muskat
- Pfeffer aus der Mühle
- 1 TL Butter

Zubereitung:

Zwiebel schälen und kleinwürfelig schneiden. Knoblauch schälen und hacken. Zwiebel mit dem Reis im ungelochten Behälter rund 25 Minuten (je nach Reissorte) bei 100° C weich dämpfen. Spinat mit dem Knoblauch 2 Minuten bei 100° C blanchieren. Mit dem Stabmixer pürieren und unter den Reis mischen. Mit Salz, Pfeffer, Muskat und einem Klecks Butter abschmecken.

Karibischer Kokosmilchreis

mit Schwarzaugenbohnen

Zutaten:

- 150 g getrocknete Schwarzaugenbohnen
- 225 g Parboiled-Reis
- 375 ml Wasser
- 250 ml Kokosmilch
- Salz

Zubereitung:

Die Schwarzaugenbohnen in einem ungelochten Behälter mit 375 ml Wasser 30 Minuten bei 100° C dämpfen. Anschließend Reis und Kokosmilch beifügen und (je nach Packungsanleitung des Reises) weitere 15 Minuten dämpfen. Nun den Reis mit Salz abschmecken und je nach gewünschter Bissfestigkeit nochmals 5 bis 10 Minuten dämpfen. Passt hervorragend zu karibisch gefüllten Bio-Saiblingen (S. 61) und Currys aller Art.

Bunte Polentavariationen

Kräuterpolenta

Zutaten:
- 400 g Polenta
- 800 ml Gemüsesuppe
- 250 ml Milch
- Salz
- Pfeffer aus der Mühle
- 1/4 Bund Schnittlauch (fein gehackt)
- 1/4 Bund Petersilie (fein gehackt)
- 1/4 Bund Minze (fein gehackt)
- 1 TL Butter

Zubereitung:
Polenta mit der Suppe in einen ungelochten Behälter füllen, durchrühren und bei 100° C 10 Minuten dämpfen. Durchrühren und weitere 10 Minuten dämpfen. Anschließend Milch einrühren, sodass ein cremiges Püree entsteht und abermals 5 Minuten dämpfen. Mit Salz, Pfeffer und einem Klecks Butter abschmecken und die gehackten Kräuter unterrühren.

Petersilienpolenta mit Parmesan

Zutaten:
- 400 g Polenta
- 800 ml Gemüsesuppe
- 250 ml Milch
- 80 g Parmesan, frisch gerieben
- Salz
- Muskatnuss, frisch gerieben
- 1 Bund Petersilie
- 1 TL Butter

Zubereitung:
Polenta mit der Suppe in einen ungelochten Behälter füllen, durchrühren und bei 100° C 10 Minuten dämpfen. Durchrühren und weitere 10 Minuten dämpfen. Anschließend Milch und Parmesan einrühren, sodass ein cremiges Püree entsteht. Abermals 5 Minuten dämpfen. Mit Salz und einem Klecks Butter abschmecken und die gehackte Petersilie unterrühren.

Orangenpolenta

Zutaten:
- 400 g Polenta
- 1 l Orangensaft
- Salz
- Muskat
- 1 TL Olivenöl extra vergine

Zubereitung:
Polenta mit 800 ml Orangensaft und etwas Salz in einem ungelochten Behälter wie oben angegeben dämpfen. Vor dem Servieren mit weiteren 200 ml heißem Orangensaft verrühren und mit Salz, Pfeffer, Muskat und Olivenöl abschmecken. Passt hervorragend zu Ente oder Wildgerichten!

Rote-Rüben-Polentaschnitten

Zutaten:
- 400 g Polenta
- 800 ml Rote-Rüben-Saft (Rote-Beete-Saft)
- 1 TL Olivenöl extra vergine
- Salz
- Pfeffer aus der Mühle

Zubereitung:
Polenta mit dem Rote-Rüben-Saft wie oben angegeben dämpfen. Die Masse ca. 1 cm dick auf ein Brett streichen, erkalten lassen und in Dreiecke schneiden. Dieser Boden kann nach Belieben belegt und im Rohr unter dem vorgeheizten Grill gratiniert werden (z.B. mit Schafskäse).

Tipp

Sämtliche Varianten können sowohl als Püree als auch als Schnitten zubereitet werden. Für das Püree benötigen Sie mehr Flüssigkeit!

Schwarzbrotknödelsoufflé

Zutaten:

- 250 g Roggenbrot
- 80 g Schalotten
- 1 EL Butter
- 1/2 Bund Petersilie
- 150 ml Milch
- 4 Eier
- Salz
- Pfeffer aus der Mühle

Zubereitung:

Schwarzbrot in kleine Würfel schneiden. Schalotten schälen und klein hacken. Butter in der Pfanne erhitzen, Schalotten darin anrösten, Petersilie beifügen, kurz mitrösten und mit Milch ablöschen. Kurz aufkochen lassen und über die Brotwürfel gießen. Eier trennen, Dotter (Eigelb) in die Knödelmasse einrühren. Mit Salz und Pfeffer würzen. Das Eiklar (Eiweiß) zu Schnee schlagen und unter die Knödelmasse heben. In gebutterte Souffléformen füllen, mit Folie locker abdecken, sodass das Soufflé genug Platz hat, um aufzugehen, und bei 90° C 20 Minuten dämpfen. Vorsichtig aus den Formen nehmen und servieren.

Tipp

Luftige Soufflés können Sie aus verschiedenen Aufläufen, Knödelmassen oder auch Polenta oder Reis machen. Das Unterheben des Eischnees bewirkt das Aufgehen der Masse – der Dampfgarer eignet sich besonders für diese Zubereitungsart!

Fisolen und Karotten

mit viel frischer Petersilie

Zutaten:

- 400 g Fisolen (grüne Bohnen)
- 400 g Karotten
- 2 EL Olivenöl extra vergine
- 2 Knoblauchzehen
- 1 Bund Petersilie
- Salz
- Pfeffer aus der Mühle

Zubereitung:

Fisolen waschen, Stiele entfernen und die größeren halbieren bzw. vierteln. Karotten schälen und in schräge, mitteldicke Scheiben schneiden. In einen gelochten Behälter füllen und 23 Minuten bei 100° C dämpfen.

Knoblauch schälen und sehr fein hacken. Petersilie waschen und klein schneiden. In einer Pfanne Olivenöl erhitzen, Knoblauch und Petersilie kurz darin anrösten, das gedämpfte Gemüse beifügen und kurz schwenken. Mit Salz und Pfeffer abschmecken.

Tipp

Diese einfache Beilage schmeckt aus dem Dampfgarer besonders gut, da das Gemüse seinen Eigengeschmack perfekt entfalten kann!

Fleischloses

Tortillavariationen

Pilztortilla

Zutaten:

- 150 g Eierschwammerl (Pfifferlinge)
- 2 Schalotten
- 1/2 Bund Petersilie
- 6 Eier
- 1 EL Olivenöl
- Salz
- Pfeffer aus der Mühle

Zubereitung:

Schalotten schälen und in kleine Würfel schneiden. Eierschwammerl putzen und schneiden. Pilze und Zwiebel mit 1 EL Olivenöl in einen ungelochten Behälter füllen und mit hitzefester Folie abdecken. Bei 100° C 20 Minuten dämpfen.

Petersilie fein hacken, Eier verquirlen und mit der Pilz-Zwiebel-Mischung verrühren. Auf ein befettetes tiefes Backblech oder in einen befetteten ungelochten Behälter gießen. Abermals mit Folie abdecken und 35 Minuten bei 100° C dämpfen.

Rauten oder Vierecke schneiden und die Tortillastücke mit Blattsalat servieren!

Bunte Paprikatortilla

Zutaten:

- Je 1/2 roter, grüner und gelber Paprika
- 2 Frühlingszwiebeln
- 1 Knoblauchzehe
- 1 EL Olivenöl
- 5 Stück schwarze Oliven
- 5 Stück grüne Oliven
- 6 Eier
- 1 Zweig frischer Thymian
- Salz
- Pfeffer aus der Mühle

Zubereitung:

Paprikas waschen, Stiel und Kerne entfernen und in feine Streifen schneiden. Den weißen Teil der Frühlingszwiebeln und den geschälten Knoblauch klein hacken. Den grünen Teil der Frühlingszwiebeln in Ringe schneiden. Oliven entkernen und in Streifen schneiden. Thymian abrebeln. Eier verquirlen.

Nun alle Zutaten verrühren, mit Salz und Pfeffer würzen und in einen befetteten ungelochten Behälter füllen. Diesen mit Folie abdecken und bei 100° C 35 Minuten dämpfen.

Die fertig gegarte Paprikatortilla in Dreiecke oder Rauten schneiden, mit Oliven und Thymian dekorieren und mit einer Scheibe getoastetem Brot servieren.

Frischer Joghurtspinat

Zutaten:

- 2 Zwiebeln
- 4 Knoblauchzehen
- 1 kg erntefrischer Spinat
- 1 Prise Muskatnuss
- 4 TL Bio-Gemüsesuppenwürze
- 400 ml Joghurt
- Salz
- Pfeffer aus der Mühle

Zubereitung:

Spinat waschen, dicke Stiele entfernen. Knoblauch hacken. Zwiebeln schneiden. Spinat, Zwiebeln und Knoblauch in einen ungelochten Behälter geben. Im Dampfgarer 10 Minuten bei 100° C garen. Anschließend mit dem Stabmixer pürieren, Joghurt und Suppenwürze daruntermixen und mit Salz, Pfeffer und einer Prise frisch geriebener Muskatnuss würzen.

Dazu passen Pellkartoffeln oder pochierte Eier.

Tipp

Dieser frische Cremespinat benötigt in der Zubereitung kaum länger als das tiefgefrorene Fertigprodukt!

Schwarze Linsenschnitte

mit Ziegenmilchsauce und getrockneten Tomaten

Zutaten:

- 100 g getrocknete Belugalinsen
- 1 Lorbeerblatt
- 200 g Wasser
- 4 Eier
- 70 g kleinblättrige Haferflocken
- 60 g Wasser
- 1 Knoblauchzehe
- 2 Schalotten
- 1 Bund Petersilie
- 1 EL Olivenöl extra vergine
- 1 EL getrocknetes Bohnenkraut
- Salz
- Pfeffer aus der Mühle

Für die Sauce:

- 80 g getrocknete Tomaten
- 200 g Ziegenmilch
- 150 g Schafskäse

Zubereitung:

Die Linsen mit dem Wasser in einen ungelochten Behälter geben, Lorbeerblatt beifügen und 30 Minuten bei 100° C dämpfen. 50 g der Haferflocken mit 60 g Wasser verrühren und ebenfalls 15 Minuten dämpfen.

Schalotten, Knoblauch und die Hälfte der Petersilie klein hacken und mit etwas Olivenöl im Dampfgarer zugedeckt leicht garen oder auf dem Herd in einer Pfanne kurz anbraten.

Die gegarten Linsen mit dem Zwiebel-Kräuter-Gemisch und den gedämpften Haferflocken zu einer Masse verrühren. Mit Bohnenkraut, Salz und Pfeffer würzen. Wenn die Masse etwas abgekühlt ist, Eier einrühren, weitere 20 g trockene Haferflocken unterrühren und alles etwas ziehen lassen. Anschließend in eine mit Öl ausgestrichene Kastenform füllen und diese mit hitzebeständiger Folie abdecken.

Schafskäse und getrocknete Tomaten in kleine Stücke schneiden und mit der Ziegenmilch in einen ungelochten Behälter füllen.

Linsenmasse im Dampfgarer bei 100° C 30 Minuten dämpfen. In den letzten 10 Minuten die Ziegenmilchsauce ebenfalls zugedeckt mitdämpfen.

Vor dem Anrichten die zweite Hälfte der Petersilie fein hacken und den Großteil unter die Sauce rühren. Den Linsenkuchen in Schnitten aufschneiden, mit der Ziegenmilchsauce überziehen und mit der restlichen Petersilie bestreuen.

Tipp

Dazu passt ein knackiger Blattsalat!

Auberginen-Rucola-Dip

Zutaten:

- 2 mittelgroße Auberginen (Melanzani)
- 60 g Rucola
- 2 Knoblauchzehen
- Saft einer 1/2 Zitrone
- Salz
- Pfeffer aus der Mühle
- 1 EL Olivenöl extra vergine

Zubereitung:

Auberginen halbieren, einsalzen und das austretende Wasser abtupfen, um die Bitterstoffe zu entfernen. Bei 100° C 50 Minuten dämpfen und anschließend schälen.

Rucola waschen und sehr fein hacken. Knoblauch schälen und mit dem Messerrücken abschaben. Auberginen mit der Gabel zerdrücken und den fein gehackten Ruccola daruntermischen. Mit Knoblauch, Zitronensaft, Salz und Pfeffer würzen und einen Löffel Olivenöl darunterrühren. Einige Stunden durchziehen lassen.

Reichen Sie diesen Dip zu gegrilltem Fleisch, Gemüselaibchen oder mit frischem, selbst gebackenem Brot zum Aperitif!

Buchweizen-Cremechampignon-„Risotto"

Zutaten:

- 4 Schalotten
- 2 Knoblauchzehen
- 200 g Buchweizen
- 200 g Cremechampignons
- 1 Bund Petersilie
- 600 ml heiße Gemüsesuppe
- 1/8 trockener Weißwein
- 80 g Parmesan
- 2 EL Olivenöl extra vergine
- Salz
- Pfeffer aus der Mühle

Zubereitung:

Schalotten und Knoblauch schälen und klein schneiden. Champignons waschen und in Scheiben schneiden. Petersilie waschen und fein hacken. Schalotten, Knoblauch, Buchweizen, Champignons, die Hälfte der Petersilie, Parmesan, Olivenöl und Weißwein in einen ungelochten Behälter füllen. Mit heißer Suppe aufgießen und durchrühren. Im Dampfgarer 30 Minuten bei 100° C garen. Unter den fertig gegarten Risotto die restliche Petersilie mischen und heiß servieren.

Kann als Hauptspeise mit einem knackigen Blattsalat oder als Beilage zu Fleischgerichten gegessen werden. Als Beilage Mengen reduzieren!

Wissenswertes

Buchweizen gehört zu den sogenannten Pseudogetreiden und enthält keine Gluten. Daher kann er auch problemlos von Menschen verzehrt werden, die unter Glutenunverträglichkeit leiden. Buchweizen enthält zudem Rutin, was sich positiv auf die Blutzirkulation und die Beschaffenheit der Blutgefäße auswirkt!

Griechischer Risotto

Zutaten:

- 1 Zwiebel mittelgroß
- 200 g Arborio-Risottoreis
- 150 g Schafskäse
- 400 g reife, geschmackvolle Tomaten
- 450 ml Gemüsesuppe
- Saft von 1 Zitrone
- 100 g schwarze Kalamata-Oliven
- 1 Bund Basilikum
- 1 EL Olivenöl extra vergine
- Meersalz
- Pfeffer aus der Mühle

Zubereitung:

Zwiebel schälen und klein schneiden. Olivenöl und Zwiebel in einen ungelochten Behälter geben und mit Folie zudecken. 10 Minuten bei 100° C dämpfen (oder am Herd kurz anrösten). Tomaten im Dampfgarer 2 Minuten blanchieren, Haut und Strunk entfernen und in Würfel schneiden. Nun Tomatenwürfel und Risottoreis zur Zwiebel geben, mit Suppe und Zitronensaft aufgießen, etwas salzen und 20 Minuten bei 100° C dämpfen.

Anschließend Schafskäse in kleine Stücke schneiden oder brechen und gemeinsam mit den Oliven unter den Risotto rühren, weitere 2 Minuten dämpfen. Kräftig durchrühren, mit Salz und Pfeffer abschmecken und mit frisch abgezupften Basilikumblättern heiß servieren.

Grüner Kichererbsenaufstrich

Zutaten:

- 300 g Kichererbsen
- 150 g Sesampaste (Tahin)
- 3 Knoblauchzehen
- 2 Zitronen
- 1 Lorbeerblatt
- 1 TL gemahlener Kreuzkümmel
- 4 EL Olivenöl extra vergine
- Etwas Kichererbsenkochwasser
- 1/2 Bund Petersilie
- Salz
- Pfeffer aus der Mühle

Zubereitung:

Kichererbsen über Nacht in Wasser einweichen. Einweichwasser abgießen. Am Folgetag bei 100° C mit dem Lorbeerblatt und zwei geschälten Knoblauchzehen in reichlich Wasser 1 Stunde weich dämpfen. Anschließend die Kichererbsen abseihen, etwas von dem Kochwasser aufheben, Lorbeerblatt entfernen.

Petersilie waschen und fein hacken. Die gedämpften Kichererbsen im Mixer mit der ungekochten Knoblauchzehe, dem Saft von 2 Zitronen, Sesampaste, etwas Kochwasser, Petersilie und Olivenöl zu einer grünlichen Paste mixen. Mit Kreuzkümmel, Salz und Pfeffer würzen. Mit einem Schuss Olivenöl beträufeln und lauwarm oder kalt mit Fladenbrot als Vorspeise servieren.

Tipp

Tahin oder Sesampaste bekommen Sie im türkischen Lebensmittelgeschäft oder im gut sortierten Supermarkt!

Süßes & Fruchtiges

Birnen-Mohn-Soufflé

Zutaten:

- 25 g Butter
- 100 g gemahlener Mohn
- 250 ml Sojamilch
- 1 Birne
- 2 Eier
- 1 Packung Vanillezucker
- 50 g Weizengrieß
- 20 g Mascobadozucker (oder brauner Rohrzucker)
- 1 Zitrone
- Agavendicksaft

Zubereitung:

Butter mit Mohn, Grieß und Sojamilch aufkochen und vom Herd nehmen. Eier trennen. Birne schälen und reiben. Birne, Eidotter (Eigelb), Zucker, Vanillezucker und etwas Abrieb einer Zitrone unter die Masse rühren. Eiklar (Eiweiß) steif schlagen und vorsichtig unterheben.

In gebutterte und mit Zucker bestreute feuerfeste Auflaufförmchen füllen, mit Folie abdecken und bei 90° C 30 Minuten dämpfen.

Über das Soufflé etwas Agavendicksaft gießen und warm servieren.

Gedämpfter Haferkuchen

mit Apfel, Rosinen und Walnüssen

Zutaten:

- 120 g kleinblättrige Haferflocken
- 240 g naturtrüber Apfelsaft
- 60 g Rosinen
- 1 Apfel
- 40 g Walnüsse ohne Schale
- 1 Prise Zimt
- 1 Prise Nelkenpulver

Zubereitung:

Apfel schälen und in kleine Würfel schneiden, Walnüsse hacken.

Alle Zutaten vermengen und in 4 kleine ofenfeste Schüsseln aufteilen. Im Dampfgarer bei 100° C 25 Minuten dämpfen. Leicht abkühlen und den Haferkuchen aus den Schüsseln stürzen. Warm servieren.

Dazu schmeckt Apfel- oder Birnenkompott!

Tipp

Aufgrund des Fruchtzuckers in Apfel, Saft und Rosinen kommt der Kuchen ganz ohne Zucker aus!

Bitterschokoladenpudding

mit Kardamom

Zutaten:

- 100 g Bitterschokolade
- 4 Eidotter (Eigelb)
- 4 ganze Eier
- 400 ml Buttermilch
- 3 TL brauner Zucker
- 6 Kardamomhülsen
- 1 Vanilleschote
- 3 EL Gerstenmalz (im Bioladen erhältlich)

Zubereitung:

Schokolade im Dampfgarer zugedeckt schmelzen. Kardamom aus den Hülsen entnehmen und im Mörser sehr fein mahlen. Vanilleschote aufschneiden und das Mark herauskratzen.

Die geschmolzene Schokolade mit allen anderen Zutaten verrühren und die Masse in 6 kleine Auflaufförmchen füllen. Bei 100° C 35 Minuten abgedeckt dämpfen. Etwas erkalten lassen und auf einen Teller stürzen. Mit Obst oder Pfefferminzblättern dekorieren.

Der Pudding kann warm oder kalt serviert werden.

Tipp

Gerstenmalz ist eine gesunde Alternative zu Zucker!

Hirse-Topfen-Soufflé

mit Bourbonvanille

Zutaten:

- 150 g Hirse
- 75 ml Milch
- 225 ml Wasser
- Bio-Zitronenschale
- 1 Bourbon-Vanilleschote
- 25 g Rohrzucker
- 25 g Blütenhonig
- 3 Eier
- 180 g Magertopfen (Quark)
- 1 Prise Weinsteinbackpulver

Zubereitung:

Hirse mit Milch und Wasser 35 Minuten bei 100° C dämpfen. Eier trennen. Dotter (Eigelb) mit Zucker, Honig, dem ausgekratzten Mark der Vanilleschote, etwas Abrieb einer Zitronenschale und dem Topfen (Quark) verrühren. Eiweiß (Eiklar) zu Schnee schlagen. Hirse nach dem Dämpfen etwas überkühlen und mit der Topfencreme gut verrühren, eine Prise Backpulver darunterrühren. Den Schnee unter die Masse heben, in gebutterte Formen füllen und bei 90° C 25 Minuten dämpfen. Anschließend vorsichtig aus den Formen nehmen und mit Fruchtmus oder Kompott warm servieren.

Kokos-Kaffeecreme

mit karibischem Rum

Zutaten:

- 330 ml Kokosmilch
- 2 TL löslicher Kaffee
- 3 TL Mascobadozucker
- 2 cm Vanilleschote
- 4 cl karibischer Rum
- 5 Eidotter (Eigelb)

Zubereitung:

Vanilleschote auskratzen und in der Kokosmilch mit dem löslichen Kaffee und dem Zucker verrühren. Rum dazugießen und Eigelb daruntermixen. In Gläser abfüllen und mit Folie abdecken.

Bei 90° C 25 Minuten dämpfen, auskühlen und anschließend im Kühlschrank kalt stellen, bis die Creme fest geworden ist.

Bacardi-Schneenockerl

mit Ananassirup und tropischen Früchten

Zutaten:

- 4 Eiklar (Eiweiß)
- 1/2 Limette
- 50 g Staubzucker
- 2 cl Bacardi (weißer Rum)
- 1 mittelgroße Ananas
- 1 Kiwi

Für den Ananassirup:

- 100 g brauner Zucker
- 4 cl Bacardi (weißer Rum)
- 4 cl Ananassaft

Zubereitung:

Eiklar (Eiweiß), Staubzucker, Limettensaft und Bacardi mit dem Mixer zu Schnee schlagen. Diesen in gebutterte Förmchen füllen oder mit dem Dressiersack kleine Berge in einen ungelochten Behälter aufdressieren. Mit Frischhaltefolie abdecken und 15 Minuten bei 100° C dämpfen.

In der Zwischenzeit den braunen Zucker am Herd karamellisieren, mit Rum und Ananassaft aufgießen und so lange rühren, bis sich der Zucker aufgelöst hat. Etwas einreduzieren und auskühlen lassen.

Obst schälen und in Stücke schneiden. Die Schneenockerl mit den Obststücken anrichten und mit dem Sirup übergießen.

Gedämpfte Mango-Mandeltörtchen

Zutaten:

- 100 ml fettarmes Joghurt
- 100 g Magertopfen
- 250 ml Mangopulpe (im Asialaden erhältlich)
- 4 Eidotter
- 4 ganze Eier
- 30 g geriebene geschälte Mandeln
- 1/2 TL gemahlener Kardamom
- 20 g brauner Zucker

Zubereitung:

Alle Zutaten – bis auf 50 ml Mangopulpe – mit dem Schneebesen verrühren. In 6 Auflaufförmchen füllen, mit hitzebeständiger Folie abdecken und im Dampfgarer bei 100° C 35 Minuten dämpfen. Etwas abkühlen lassen, aus den Formen stürzen und mit etwas Mangopulpe übergießen.

Die Törtchen können warm oder kalt serviert werden.

Combidämpfen

Combigedämpftes
Bio-Brathuhn

Zutaten:

- 1 Bio-Brathuhn
- 1 EL Paprikapulver
- 1 EL Currypulver
- Salz
- Pfeffer aus der Mühle
- 2 EL Olivenöl extra vergine

Zubereitung:

Das Brathuhn waschen, Innereien gegebenenfalls herausnehmen, innen und außen mit einer Mischung aus Olivenöl und den Gewürzen einreiben.

1. Schritt: 50 Minuten bei 180° C und 95 % Feuchtigkeit garen.
2. Schritt: 10 Minuten bei 200° C und 30 % Feuchtigkeit bräunen.

Süß-scharfe Chickenwings

Zutaten:
- 16 Hühnerflügel

Für die Marinade:
- 4 EL Sojasauce
- 2 EL Honig
- 1 TL Rosenpaprika
- 1 EL Tomatenmark
- Salz

Zum Bestreichen:
- 1 cm Ingwer
- 1 kleiner roter Chili
- 1 EL Olivenöl extra vergine

Zubereitung:
Aus den angegebenen Zutaten eine Marinade rühren. Die Hühnerflügel über Nacht damit marinieren.

Knoblauch und Ingwer schälen, Chili entkernen und alles sehr fein hacken, mit Olivenöl verrühren und beiseitestellen.

Anschließend die Hühnerflügel wie folgt im *Combi-Dampfgarer* braten:

1. 10 Minuten bei 200° C und 95 % Feuchtigkeit
2. 20 Minuten bei 130° C und 30 % Feuchtigkeit

Die fertig gegarten Hühnerflügel mit den scharfen Gewürzen einpinseln und heiß servieren!

Geschmorte Lammstelzen

mit Melanzani und Tomaten

Zutaten:

- 4 Lammstelzen
- 700 g reife Tomaten
- 3 kleine Melanzani (Auberginen)
- 1 EL Olivenöl extra vergine
- 1/2 Bund Petersilie
- 4 Knoblauchzehen
- 2 Zwiebeln
- 2 TL Piment
- Salz
- Pfeffer aus der Mühle

Zubereitung:

Zwiebeln und Knoblauch schälen und fein schneiden bzw. hacken. Melanzani waschen, in dicke Scheiben schneiden und einsalzen. Etwas ziehen lassen, damit die Bitterstoffe herausgesogen werden. Anschließend trocken tupfen und in Würfel schneiden. Tomaten kreuzweise einschneiden und 2 Minuten blanchieren. Die Haut abziehen, Strunk entfernen und würfelig schneiden. Die Lammstelzen salzen und pfeffern und in einer Pfanne mit etwas Olivenöl scharf anbraten. Anschließend Lamm und Gemüse in einen ungelochten Behälter geben, mit Salz, Pfeffer und Piment würzen und wie folgt schmoren:

1. 45 Minuten bei 170° C und 75 % Feuchtigkeit
2. 60 Minuten bei 130° C und 50 % Feuchtigkeit

Anschließend das Fleisch vom Knochen lösen, in Stücke teilen und auf dem Schmorgemüse servieren.

Dazu passt Polenta, Reis oder Fladenbrot.

Wissenswertes

Piment, auch Neugewürz bzw. Nelkenpfeffer genannt, wurde von Christoph Columbus in der Karibik entdeckt und wird dort auch vielseitig in der Küche verwendet. In unseren Breiten ist es häufig Bestandteil von Lebkuchengewürzmischungen und Wurstprodukten. Piment harmoniert besonders gut mit Lamm- und Wildgerichten.

Weihnachtliche Barberie-Entenbrust

in fruchtiger Gewürzrotweinsauce

Zutaten:

- 2 Barberie-Entenbrüste
- 2 TL gemahlenes Piment
- 2 TL gemahlene Koriandersamen
- 1 Messerspitze Nelkenpulver
- 50 ml Orangensaft
- 50 ml Rotwein
- 2 TL Honig
- Salz
- Pfeffer aus der Mühle

Zubereitung:

Die Entenbrüste waschen, trocken tupfen und die Haut kreuzweise einschneiden, mit Salz und Pfeffer würzen. Eine Pfanne mit wenig Wasser erhitzen und die Entenbrust mit der Hautseite nach unten in die heiße Pfanne legen. Scharf anbraten, sodass sich das Fett aus der Entenbrust herausbrät und die Haut schön bräunt. Aus der Pfanne in einen ungelochten Dampfgarbehälter umstechen. Gewürze, Honig, Orangensaft und Rotwein vermischen und die Ente darin einige Stunden marinieren.

In diesem Sud in den Dampfgarer schieben und bei 85° C und 75 % Feuchtigkeit 60 Minuten *combidämpfen*. Kurz ruhen lassen und anschließend in Scheiben aufschneiden. Mit dem Bratensaft übergießen.

Dazu passt Orangenpolenta (S. 73) oder Pastinaken-Birnen-Salat mit gerösteten Walnüssen (S. 28)

Dinkeltoastbrot

Zutaten:

- 300 g weißes Dinkelmehl glatt (Auszugsmehl)
- 160 g Dinkelvollkornmehl
- 300 ml Wasser
- 1 Packung Trockengerm (Hefe) (7 g)
- 1 EL Olivenöl extra vergine
- 1 TL Salz
- 1 TL Honig

Zubereitung:

Alle Zutaten in der Küchenmaschine zu einem Teig verkneten und 30 Minuten rasten lassen. Nochmals kneten und abermals rasten lassen. Den Teig in eine Kastenform füllen und folgendermaßen backen:

1. 15 Minuten bei 100 % Feuchtigkeit und 200° C
2. 15 Minuten bei 20 % Feuchtigkeit und 180° C

Anschließend das Brot aus der Form nehmen und auskühlen lassen.

Wissenswertes

Bereits Hildegard von Bingen lobte den Dinkel als „bestes Getreide“, das verträglicher sei als alle anderen Körner. Er verschaffe rechtes Fleisch und gutes Blut und mache die Seele froh und voll Heiterkeit – so die Äbtissin aus dem 12. Jahrhundert …

Mediterranes Dinkel-Kartoffelbrot

mit Oliven und getrockneten Tomaten

Zutaten:

- 500 g weißes Dinkelmehl (Type 630)
- 150 g mehlige Kartoffeln
- 250 ml warmes Wasser
- 1 Packung Trockengerm (Hefe) (7 g)
- Mediterrane Kräuter (z.B. Rosmarin, Thymian etc.)
- 50 g getrocknete Tomaten
- 25 g entkernte Oliven
- Salz

Zubereitung:

Kartoffeln schälen und im Dampfgarer je nach Größe rund 30 Minuten gar dämpfen. Die gegarten Kartoffeln pressen und mit Mehl, Wasser, Salz und Trockengerm zu einem geschmeidigen Teig kneten. Tomaten und Oliven klein schneiden, Kräuter abzupfen, klein hacken und in den Teig einarbeiten. Auf einem warmen Platz 30 Minuten gehen lassen. Anschließend abermals durchkneten und eine weitere halbe Stunde rasten lassen. Nun in folgenden Schritten backen:

1. 180° C und 100 % Feuchtigkeit 25 Minuten
2. 160° C und 20 % Feuchtigkeit 10 Minuten
3. 130° C und 30 % Feuchtigkeit 5 Minuten

Das fertig gebackene Brot aus dem Ofen nehmen und auskühlen lassen.

Schmeckt hervorragend zu Schafskäse, sommerlichen Salaten oder einfach als Begleitung zu einem guten Glas Wein!

Dinkel-Gersten-Vollkornbrot

Zutaten:

- 400 g Dinkelvollkornmehl
- 140 g Gerstenvollkornmehl
- 1 Packung Trockengerm (Hefe) (7 g)
- 55 g gemahlene Sonnenblumenkerne
- 30 g gemahlener Sesam
- 1 TL frisch gemahlener Koriander
- 1/2 TL frisch gemahlener Anis
- 2 TL Salz
- 350 g Wasser

Zubereitung:

Alle Zutaten zu einem geschmeidigen Teig verkneten und 30 Minuten an einem warmen Ort gehen lassen. Nochmals durchkneten, einen Laib formen und im *Combi-Dampfgarer* folgendermaßen backen:

1. 10 Minuten bei 200° C und 100 % Feuchtigkeit
2. 35 Minuten bei 170° C und 30 % Feuchtigkeit

Das fertig gebackene Brot auf einem Gitter auskühlen lassen.

Tipp

Um sicherzugehen, dass das Brot fertig gebacken ist, klopfen Sie darauf – es soll hohl klingen!

Haltbar machen

Aromatischer Pilzmix

mit Kräutern und Knoblauch im Glas

Zutaten:

- 500 g gemischte Pilze (z.B. Cremechampignons, Austernpilze, Shiitakepilze, Steinpilze)
- 1/4 l Rindsuppe
- 1/8 l Olivenöl extra vergine
- 1/8 l guter Weißwein
- 1 Lorbeerblatt
- 4 Wacholderkörner
- 1/2 TL Pfefferkörner
- 1/2 TL Senfkörner
- 4 Thymianzweige
- 4 Rosmarinzweige
- 8 Knoblauchzehen
- Salz
- Pfeffer aus der Mühle
- Einmachgläser

Zubereitung:

Suppe mit Öl, Wein, Lorbeer, Wacholder, Pfefferkörnern und Senfkörnern am Herd kurz aufkochen, mit Salz und Pfeffer abschmecken und den Sud etwas ziehen lassen. Knoblauch schälen. Pilze putzen, große Stücke halbieren bzw. vierteln und 10 Minuten bei 100° dämpfen.

Nun die gedämpften Pilze in sterile Einmachgläser aufteilen, Knoblauch, Thymianzweige und Rosmarin beifügen und mit der heißen Marinade auffüllen. Gläser gut verschließen und im Dampfgarer bei 100° C 40 Minuten einmachen. Gläser auskühlen lassen und kontrollieren, ob ein Vakuum entstanden ist. Kühl und dunkel lagern.

Tipp

Auf buntem Blattsalat als Vorspeise servieren!

Sommer im Glas

Zutaten:

- 250 g frisch gepflückte Himbeeren
- 250 g frisch gepflückte Heidelbeeren
- 250 g reife, saftige Kirschen
- 250 g reife, saftige Erdbeeren
- 100 g Mascobadozucker
- Kleine Einmach- oder Schraubgläser

Zubereitung:

Die gewaschenen und verlesenen Früchte in einen ungelochten Behälter füllen und mit Zucker süßen. 20 Minuten bei 80° C dämpfen. Die gedämpften Früchte in sterilisierte Gläser füllen, gut verschließen und weitere 20 Minuten bei 80° C einmachen. Anschließend ins kalte Wasser stellen, bis ein Vakuum einsteht, und kühl lagern.

Tipp

Löffeln Sie den „Sommer im Glas“ als Zwischendurch-Snack oder servieren Sie ihn Ihren Gästen als Fruchtspiegel zu einem exklusiven Dessert!

Omas Apfelmus

Zutaten:

- 1 kg Äpfel
- 1 Zimtstange
- 5 Gewürznelken
- 3 Sternaniskapseln
- 1 Bio-Zitrone
- 20 g Mascobadozucker oder Rohrzucker
- 100 ml fruchtiger Weißwein
- 100 ml Wasser

Zubereitung:

Äpfel schälen und schneiden, in einen ungelochten Behälter füllen. Gewürze beifügen, den Saft einer Bio-Zitrone darüberträufeln und etwas von der Schale abreiben. Mit Wasser und Wein aufgießen und bei 100° C 30 Minuten dämpfen. Anschließend die Gewürze entfernen und mit dem Stabmixer pürieren.

Tipp

Um es einige Zeit haltbar zu machen, füllen Sie das fertige Mus in sterilisierte Einmachgläser, verschließen Sie diese und dämpfen Sie sie weitere 30 Minuten bei 100° C. Kühl und dunkel gelagert steht somit eine wertvolle Zwischenmahlzeit oder ein leichtes Dessert jederzeit bereit.

Apfel-Ingwer-Marmelade
mit Jasmintee

Zutaten:
- 1 kg Äpfel, geschält, entkernt und geschnitten
- 200 g Wasser
- 6 g grüner Jasmintee
- 12 g geriebener frischer Ingwer
- 400 g Gelierzucker 3:1
- Saft von 1 Limette
- Einmachgläser

Zubereitung:
Wasser aufkochen, etwas abkühlen lassen und den Jasmintee damit aufgießen. Einige Minuten ziehen lassen. Geschälte und geschnittene Äpfel mit dem geriebenen Ingwer und dem Tee in der Küchenmaschine kurz durchmixen. Gelierzucker unterrühren und Limettensaft beifügen. In einen ungelochten Behälter füllen und 20 Minuten bei 100° C dämpfen. Gleichzeitig die sorgfältig ausgewaschenen Einmachgläser samt Deckel sterilisieren.

Anschließend die fertige Marmelade in die heißen Gläser füllen, verschließen und auf dem Kopf auf ein Tuch stellen. Auskühlen lassen und überprüfen, ob der Deckel dicht ist. Kühl und dunkel lagern.

Heidelbeerkompott

Zutaten:

- 600 g frisch gepflückte Heidelbeeren (Blaubeeren)
- 2 EL Mascobadozucker (oder brauner Zucker)
- 400 ml Wasser
- 1/2 Vanilleschote
- Einmachgläser

Zubereitung:

Einmachgläser aufschrauben und samt Deckel 20 Minuten bei 100° C sterilisieren.

Heidelbeeren verlesen und waschen. Mit Zucker, dem ausgekratzten Mark einer Vanilleschote und Wasser in einen ungelochten Behälter füllen. 10 Minuten bei 100° C dämpfen, in die Gläser abfüllen, verschließen und im kalten Wasser abkühlen lassen.

Wissenswertes

Heidelbeeren sind wie viele Beeren ein kostbares Geschenk der Natur an uns. Sie enthalten neben zahlreichen Vitaminen u.a. gesundheitsfördernde Gerbstoffe. Vor allem im getrockneten Zustand können sie u.a. bei unspezifischen Durchfallerkrankungen gute Dienste erweisen!

Indische Linsencremesuppe

Zutaten:

- 200 g rote Linsen
- 2 mittelgroße Tomaten
- 2 mittelgroße Karotten
- 1 kleine Zwiebel
- 1 Knoblauchzehe
- 2 Lorbeerblätter
- 1 TL gemahlener Kurkuma (Gelbwurz)
- 1 TL gemahlener Bockshornklee
- 1 TL gemahlener Kreuzkümmel
- 500 g Gemüsesuppe
- 1 Schuss Olivenöl extra vergine
- Salz
- Pfeffer aus der Mühle

Zubereitung:

Linsen waschen, Tomaten schälen, Strunk und Kerne entfernen und in grobe Stücke schneiden. Karotten, Zwiebel und Knoblauch schälen und klein schneiden. Linsen und Gemüse in einen ungelochten Behälter füllen, mit Kurkuma, Bockshornklee und Kreuzkümmel würzen, Lorbeerblatt und Suppe beifügen und bei 100° C 20 Minuten dämpfen. Anschließend mit dem Pürierstab zu einer cremigen Suppe mixen und mit Salz, Pfeffer und einem Schuss Olivenöl abschmecken. Heiß servieren!

Suppen wie diese eignen sich auch zum Einmachen! In sterile Einmachgläser füllen, weitere 20 Minuten bei 100° C einmachen, auskühlen lassen, bis ein Vakuum entstanden ist, und kühl lagern!

Wissenswertes

Kurkuma oder Gelbwurz ist eine heilkräftige Wurzel, die zur Familie der Ingwergewächse zählt. Das getrocknete Fruchtfleisch hat eine intensive gelbe Farbe. Getrocknet und gemahlen fungiert es auch als farbgebendes Gewürz in jeder Currymischung. In der traditionellen indischen Heilkunst, dem Ayurveda, wird die Pflanze vielseitig zu Therapiezwecken eingesetzt. Kurkuma regt die Gallensaftproduktion an, hilft bei der Fettverdauung und wirkt krampflösend auf Magen und Darm. Eine allgemeine immunstärkende Wirkung wird dieser gelben Wunderwurzel ebenso nachgesagt wie entzündungs- und krebshemmende Eigenschaften.

Gedämpfter Apfel-Brombeer-Saft

Zutaten:

- 1 kg saftige, süße Bio-Äpfel
- 200 g frisch gepflückte vollreife Brombeeren
- 1 Handvoll Rosinen
- 2 l Wasser

Zubereitung:

Äpfel und Brombeeren waschen und mit den Rosinen in einen ungelochten Behälter füllen. Mit Wasser aufgießen und im Dampfgarer 40 Minuten bei 100° C dämpfen. Anschließend abseihen, den Saft kalt stellen oder noch heiß in sterile Bügelflaschen füllen und fest verschließen. Diese weitere 20 Minuten dämpfen, ins kalte Wasser stellen, sodass ein Vakuum entsteht und anschließend kühl lagern.

Tipp

Gedämpfte oder gekochte Obst- und Gemüsesäfte sind für unser Verdauungssystem wesentlich verträglicher als direkt gepresster Saft aus rohen Früchten. Zudem sind diese Säfte nicht so süß und löschen vor allem in der heißen Sommerzeit den Durst besonders gut. Wenn Sie den Dampfgarer für Ihr Mittagsmenü oder das Abendessen in Betrieb haben, können Sie diese Säfte einfach zur gleichen Zeit „nebenbei" produzieren.

Sommerlicher Weichsel-Blütensaft

Zutaten:
- 1/4 kg frische Weichseln
- 1 TL getrocknete Hagebutten
- 1 EL getrocknete Rosenblüten
- 1 TL getrocknete Hibiskusblüten
- 1 EL getrocknete Gojibeeren
- 2 TL Mascobadozucker
- 2 l Wasser

Zubereitung:
Alle Zutaten in einen großen ungelochten Behälter füllen und mit Wasser aufgießen. Im Dampfgarer bei 100° C 40 Minuten dämpfen. Auskühlen lassen, abseihen und kalt servieren oder noch heiß in sterilisierte Flaschen füllen, verschließen und diese weitere 20 Minuten bei 100° C einkochen. Anschließend ins kalte Wasser stellen, damit ein Vakuum entsteht. Kühl lagern.

Tipp

Dieser fruchtig-säuerliche Saft ist ein herrlicher Durstlöscher im Sommer und beinhaltet jede Menge Gesundes. Gojibeeren sind übrigens echte Fitmacher! Sie bauen unser Blut auf und zählen zu den gesündesten Früchten der Welt. In der Traditionellen Chinesischen Medizin werden sie daher auch gerne therapeutisch zum Einsatz gebracht.

Ingwersaft

Zutaten:
- 40 g Ingwer
- 20 g brauner Zucker
- Saft von 1 Zitrone
- 1 l Wasser

Zubereitung:
Ingwer in Scheiben schneiden, Zitrone auspressen und beides mit 1 l Wasser in einen ungelochten Behälter füllen. Mit braunem Zucker süßen und im Dampfgarer 20 Minuten dämpfen. Einmachflaschen im Dampfgarer gleichzeitig sterilisieren.

Anschließend den Saft in die sterilisierten Flaschen füllen, verschließen und weitere 20 Minuten bei 100° C dämpfen. Aus dem Dampfgarer nehmen und erkalten lassen. Der Saft ist ein herrlicher Durstlöscher und kann als heiße Limonade oder kalt als erfrischender Drink genossen werden.

Hält sich einige Wochen im Kühlschrank oder Keller!